2023年度版

中小企業診断士

最速合格のための
要点整理ポケットブック

第1次試験 ❷日目

TAC中小企業診断士講座

TAC出版

はじめに

　我が国の企業数の99％を占める中小企業は、機動性、柔軟性、創造性を発揮し、「我が国経済のダイナミズムの源泉」として積極的な役割を担うことが期待される存在として位置づけられています。こうした位置づけとなっている中小企業が経営革新など新たな取り組みを積極的に行うためには、中小企業が不足する経営資源を確保できるよう、国が支援することが重要です。その環境整備のひとつとして、①民間経営コンサルタントとして、中小企業を全社的視点で経営について診断・助言する能力、②中小企業の利益の最大化のために、行政・専門家との橋渡し役となる能力を、国が認定するために設けられているのが中小企業診断士制度です。そして現在、国は中小企業診断士の総数の拡大に努めています。

　このような時代の流れに対応すべくTAC出版では、中小企業診断士試験の受験対策書籍としてさまざまなアイテムを刊行しております。

　その中の本書「最速合格のための要点整理ポケットブック」には、次のような特長があります。

　① 　第1次試験合格に必要な重要論点を広く網羅しつつ、内容が簡潔にまとまっていること
　② 　通勤途中での学習等を考慮して、持ち運びやすいコンパクトなものに仕上がっていること
　③ 　付属の赤シートを使うことにより、重要キーワードの暗記がスムーズに行えること

受験生の皆様にとって、本書が効率よい学習のお役に立てれば幸いです。

2022年12月
TAC中小企業診断士講座
講師室、事務局スタッフ一同

目　次

経営法務
第1章　民法その他の知識……………………………………… 2
第2章　会社法等に関する知識………………………………… 13
第3章　資本市場に関する知識………………………………… 34
第4章　倒産等に関する知識…………………………………… 35
第5章　知的財産権等に関する知識…………………………… 39
第6章　その他経営法務に関する知識………………………… 52

経営情報システム
第1章　情報技術に関する基礎的知識………………………… 58
第2章　システム・ソフトウェア開発………………………… 100
第3章　経営情報管理…………………………………………… 108
第4章　統計解析………………………………………………… 122

中小企業経営・中小企業政策
第1編　中小企業経営…………………………………………… 128
第1章　中小企業概論…………………………………………… 128
第2章　中小企業白書2022年版第1部：
　　　　令和3年度（2021年度）の中小企業の動向 ………… 133
第3章　中小企業白書2022年版第2部：
　　　　新たな時代へ向けた自己変革力……………………… 148
第4章　小規模企業白書2022年版第2部：
　　　　新たな時代へ向けた事業の見直しと地域内連携……… 181
第2編　中小企業政策…………………………………………… 188
第1章　中小企業政策の基本…………………………………… 188
第2章　中小企業施策…………………………………………… 190
第3章　中小企業政策の変遷…………………………………… 207

経営法務

第1章　民法その他の知識

❶▶民法に関する基礎知識・・・・・・・・・・・・・・・・・・・・・・・・・・・・・・・・

■法律行為

　当事者がある効果の発生を欲してなした意思表示に対し、法律がそれを認め、その効果が確実に発生するように助力してくれる行為。

契　　約	相対する複数当事者の意思表示の合致により成立する法律行為	態様
単独行為	一人の人間の一方的意思表示で成立する法律行為	
合同行為	二人以上の人間の意思表示の合致により成立する法律行為	
要式行為	一定の形式が必要な法律行為	形式
不要式行為	一定の形式を必要としない法律行為	
債権行為	債権を発生させる法律行為	効果
物権行為	物権の発生・変更・消滅を生じさせる法律行為	

■意思表示

　一定の法律効果の発生を欲する意思をもってそれを外部に表示すること。

① 意思の不存在……心の中にある意思と外部に対する表示との間に食い違いがあること。

心裡留保	表意者が自分の内心の意思と外部に表示されたものとが食い違うことを知っている場合
(通謀) 虚偽表示	相手方と通じて（しめし合せて）した虚偽（うそ）の意思表示
錯　　誤	表示行為に対する内心的効果意思が欠けること

② 瑕疵ある意思表示……詐欺・**強迫**による意思表示。

　※ 瑕疵……法律上何らかの欠点・欠陥があること。

■代理

　ある人（本人）が自分の代わりに代理人をたてて、その代理人が本人のため、本人の代わりにするのだということを明らかにして、相手方に

経営法務

意思表示をし（**顕名**主義）、その効果が直接本人のものとなる制度。

■条件・期限

① 条件……法律行為の効力の発生または消滅を将来の成否不確定な事実にかからせること。条件には、法律行為の効力発生に関する**停止**条件と、法律行為の効力の消滅に関する**解除**条件がある。

② 期限……法律行為の効力の発生や消滅または法律行為から生じる債務の履行期を、将来到来することが確実な事実にかからせること。期限には、具体的に時期までも確定している確定期限と、将来到来することは確実だが、その具体的な時期は不確定な不確定期限がある。

■意思表示の効力発生時期

民法では**到達主義**に一本化している。

❷▶債権・契約‥‥‥‥‥‥‥‥‥‥‥‥‥‥‥‥‥‥‥‥‥‥‥

■債権

債権……ある人（債権者）が他のある人（債務者）に対して一定の行為を請求する権利。

① 債権の発生原因……契約、事務管理、不当利得、不法行為

② 債権の種類……特定物債権、種類債権、金銭債権、利息債権、選択債権

■契約

申込みと承諾という相対する複数の意思表示が合致したもの（合意）であり、それによって当事者間に権利（債権）・義務（債務）が発生するもの。

① 契約自由の原則

締結の自由、相手方選択の自由、内容決定の自由、方式の自由

② 契約の分類

典型契約	民法に規定のある典型的な**13**種類の契約のこと（有名契約）
非典型契約	典型契約以外の契約のこと（無名契約）
双務契約	契約の各当事者が互いに対価的意味を有する債務を負担する契約のこと
片務契約	当事者一方のみに債務が生じる契約のこと
有償契約	契約の各当事者が互いに対価的意味を有する出捐（財産上の損失のこと）をする契約のこと
無償契約	当事者の一方は対価的な経済的出捐をしない契約のこと
要物契約	当事者間の合意のほかに、契約の成立のために物の引渡しが必要となる契約のこと
諾成契約	当事者間の合意だけで成立する契約のこと
要式契約	契約の成立に一定の方式を要する契約のこと
不要式契約	要式契約に対して、方式を不要とする契約のこと

③ 主な典型契約

贈　　与	贈与者がある財産を無償で受贈者に与える意思を表示し、受贈者が受諾をすることによって効力を生ずる契約
売　　買	売主がある財産権を買主に移転することを約し、買主がこれに対してその**代金を支払うこと**を約することによって効力を生ずる契約
交　　換	当事者が互いに金銭の所有権以外の財産権を移転することを約することによって効力を生ずる契約
消費貸借	借主が種類・品質・数量の同じ物をもって返還をすることを約して貸主から金銭その他の物を受け取ることによって効力を生ずる契約⇒原則は要物契約であるが、**書面**（または電磁的記録）で消費貸借契約が締結された場合は諾成契約となる
使用貸借	貸主がある物を引き渡すことを約し、借主がその受け取った物について無償で使用・収益をして契約が終了したときに返還をすることを約することによって効力を生ずる契約

経営法務

賃貸借	賃貸人がある物の使用・収益を賃借人にさせることを約し、賃借人がこれに対してその賃料を支払うこと、および引渡しを受けた物を契約が終了したときに返還することを約することによって効力を生ずる契約
雇　用	被用者が使用者に対して労働に従事することを約し、使用者がこれに対してその報酬を与えることを約することによって効力を生ずる契約
請　負	請負人がある仕事を完成することを約し、注文者がその仕事の結果に対してその報酬を支払うことを約することによって効力を生ずる契約
委　任	委任者が法律行為をすることを受任者に委託し、受任者がこれを承諾することによって効力を生ずる契約
寄　託	寄託者がある物を保管することを受寄者に委託し、受寄者がこれを承諾することによって効力を生ずる契約

④　その他の契約
- ファイナンスリース契約
  リース会社がユーザーに対してサプライヤーから購入したリース対象物件を貸し与え、定期にリース料金を受け取るという契約。原則、リース中の解約は不可。
- フランチャイズ契約
  フランチャイザー（本部）が開発したノウハウ・システム・商標の使用権・営業権などをフランチャイジー（加盟店）に提供し、フランチャイジーはフランチャイザーに対して加盟料などを支払うという契約。

■保証
①　保証……主債務者が債務を履行しない場合に、保証人がその履行を担保する（代わって行う）こと。
②　連帯保証……特に保証人が主債務者と「連帯して」保証債務を負担すること。
③　保証契約の成立……すべての保証契約は**書面**（または電磁的方法）

でされない限り無効。

■債権者代位権と詐害行為取消権

① 債権者代位権……債権者が自己の債権を保全するため必要があるときは、債務者に属する権利を債務者に代わって行使することができる権利である。債権者は、債権の期限の到来後であれば権利行使できるが、期限の到来前は権利行使できない。

② 詐害行為取消権（債権者取消権）……債務者が債権者を害することを知ってした行為の取消しを、債権者が**裁判所**に請求することができる権利のことである（必ず**裁判所**への請求が必要となる）。民法では、出訴期間（訴えを提起することができる期間）という概念を用い、ⅰ）債務者が債権者を害することを知って行為をしたことを、債権者が知った時から**2年**を経過したとき、またはⅱ）行為の時から10年を経過したとき、のいずれかの場合には、詐害行為取消請求に係る訴えを提起できないものとしている。

■債務不履行

契約その他の債務の発生原因および取引上の社会通念に照らして**債務者の責めに帰すべき事由**によって、債務者が債務の本旨に従った債務の履行をしないこと。

① 履行遅滞……履行期が到来し履行可能であるのに、債務者の故意・過失により債務を履行しない。

② 履行不能……債務者の故意・過失により履行が不能になる。

③ 不完全履行（契約不適合）……債務の履行はあったが、債務者の故意・過失によりその履行が不完全である。

■不法行為

故意または過失によって他人の権利または法律上保護される利益を侵害し、これによって損害を与える利益侵害行為のこと。

① **使用者責任**……ある事業のため他人（被用者）を使用する者（使用者）は、その被用者が事業の執行について（仕事をするうえで）第三者に与えた損害を賠償する責任を負う。

経営法務

② 共同不法行為……数人が共同不法行為によって他人に損害を与えた場合、各自連帯して賠償責任を負う。

■債務不履行と不法行為の比較

	債務不履行	不法行為
債権者と債務者の関係	契約関係	特になし（契約関係を前提としない）
主観的要件	債務者の責めに帰すべき事由（帰責事由：債務者の故意・過失）	故意または過失
客観的要件	契約の本旨に従った履行がないこと	権利を侵害（違法性）
一般の損害賠償請求権※	①権利を行使することができることを知った時から **5年** ②権利を行使することができる時から10年	①損害および加害者を知った時から **3年** ②不法行為の時から20年
人の生命または身体の侵害による損害賠償請求権※	①権利を行使することができることを知った時から5年 ②権利を行使することができる時から20年	①損害および加害者を知った時から5年 ②不法行為の時から20年
立証責任	債務者	被害者

※ いずれも、①②のいずれか早いほうの時の経過をもって消滅時効が完成する。

■不当利得

　法律上の原因なく他人の財産または労務によって利益を受け、そのために他人に損失を及ぼした者（受益者）に対して、その利得を返還する義務を負わせる制度のこと。不当利得返還請求は**無過失**責任の制度であり、消滅時効は債務不履行と同じ規定が適用される。

❸ ▶ 物権

■物権

① 物権……一定の物を「**直接的**」（権利の内容を実現するのに他人の行為を必要としない）そして「**排他的**」（1つの物の上に同じ内容の物権は存在しえない）に支配できる権利

② 物権の客体……有体物（固体・液体・気体）

③ 物の種類
  - 特定物と不特定物
  - 動産（不動産以外）と不動産（土地およびその定着物）

④ 物権の効力
  - 物権対物権……先に対抗要件（自分の物だと主張できること）を具備した方が優先
  - 物権対債権……**物権**が優先

⑤ 物権の変動
  - 物権変動……物権の発生・変更・消滅
  - 発生時期……当事者の**意思表示**のみによってその効力を生じる（意思主義）
  - 第三者への主張……不動産は**登記**、動産は**引渡し**（対抗要件主義）
  - 消滅原因……目的物の消失・消滅時効・物権放棄・公用徴収・混同（同一物について所有権と所有権以外の物権が同じ人に帰属すること）

経営法務

■物権の種類

① 所有権……法令の制限内において、自由にその所有物の使用・収益・処分をすることができる権利のこと。
② 占有権
　● 占　有……自己のためにする意思をもって物を所持すること。
　● 占有権……所有権などの有無にかかわらず、占有（事実上の支配）をしている者に対して一定の権利を認めるもの。
③ 担保物権

典型担保物権	法定担保物権	留置権	他人の物の占有者（留置権者）が、その物に関して生じた債権を有するときは、その債権の弁済を受けるまで、その物を留置することができる権利
		先取特権	一定の債権を有する者（先取特権者）が、その債務者の財産について、他の債権者に先立って自己の債権の弁済を受ける権利

典型担保物権	約定担保物権	質権	債権者（質権者）が、その債権の担保として債務者または第三者から受け取った物を占有し、かつ、その物について他の債権者に先立って自己の債権の弁済を受ける権利
		抵当権	債権者（抵当権者）が、債務者または第三者が占有を移転しないで債務の担保に供した不動産（原則）について、他の債権者に先立って自己の債権の弁済を受ける権利
非典型担保物権	（約定担保物権）	譲渡担保	設定者（債務者）が所有物を利用したまま、その所有物の所有権を債権者に移転し、債務を弁済した場合に所有権が設定者に戻る制度

❹▶相続

相続とは、人（自然人）の死亡によって、その財産上の権利義務を他の者が包括的に承継することをいう。相続される人（死亡した人）を被相続人、親族など相続する人を相続人という。

■相続人の範囲、法定相続分

相続人（法定相続人）の範囲および法定相続分は下表のとおりである。なお、相続人の範囲については、第二順位の者は第一順位の者がいないとき、第三順位の者は第一・第二順位の者がいないときに相続人となる。

経営法務

＜相続人の範囲＞

配偶者[1]	常に相続人となる。
第一順位[2]	被相続人の直系卑属（子。子が相続できない場合は孫、ひ孫など（代襲相続という））
第二順位	被相続人に直系卑属がいない場合は、被相続人の直系尊属で、親等の近い者（親、親が相続できない場合は祖父母など）
第三順位	被相続人に直系卑属も直系尊属もいない場合は兄弟姉妹（兄弟姉妹が相続できない場合、代襲するのはその子〔甥、姪〕までに限る（甥・姪の子には代襲されない））

[1] 戸籍上の配偶者であることが必要（原則として、内縁関係の者は含まれない）。

[2] 胎児は生まれたものとみなされる。

＜法定相続分（法律に基づく相続分）＞

配偶者と直系卑属が相続人	・配偶者が2分の1、直系卑属が2分の1 ・配偶者が相続できない場合は直系卑属が全部相続
配偶者と直系尊属が相続人	・配偶者が3分の2、直系尊属が3分の1 ・配偶者が相続できない場合は直系尊属が全部相続
配偶者と兄弟姉妹が相続人	・配偶者が4分の3、兄弟姉妹が4分の1 ・配偶者が相続できない場合は兄弟姉妹が全部相続

※ 直系卑属、直系尊属、兄弟姉妹がそれぞれ2人以上いるときは、原則として按分になる。また、実子と養子、嫡出子と非嫡出子で法定相続分の差はない。なお、半血兄弟姉妹は全血兄弟姉妹の半分（2分の1）となる。

■限定承認、放棄

限定承認とは、相続を受けた資産等（積極財産、プラスの財産）の範囲内で債務等（消極財産、マイナスの財産）を相続するという方法である（ただし、相続人が複数いる場合には、限定承認は全員が共同でしなければならない）。放棄とは、資産も債務も一切相続しないという方法

である。

相続人は、限定承認または放棄をする場合、原則として、自己のために相続の開始があったことを知った時から**3か月**以内に、**家庭裁判所**に申述しなければならない。

■遺留分

遺言によって、被相続人は相続財産を自由に（法定相続分と異なる）処分することができる。しかし、民法では、遺族の生活の安定や相続人間の平等を確保するために、相続人に対して最低限の相続の権利を保障している。これを遺留分という。

① 遺留分の権利をもつ者

被相続人の**兄弟姉妹**以外の法定相続人、具体的には、配偶者、直系卑属、直系尊属が該当する。

② 遺留分

直系尊属のみが相続人の場合は被相続人の財産の3分の1、それ以外の場合には被相続人の財産の**2分の1**が、遺留分権利者全体の遺留分となる。

■経営承継円滑化法

① 遺留分に関する民法の特例（会社の経営の承継の場合）

非上場中小企業の後継者は、遺留分権利者全員との合意および所要の手続（経済産業大臣の**確認**、家庭裁判所の**許可**）を経ることを前提に、以下の民法の特例の適用を受けることができる（併用可能）。

● **除外**合意

後継者が先代経営者からの贈与等により取得した株式等について、遺留分を算定するための財産の価額に算入しないことができる。

● **固定**合意

後継者が先代経営者からの贈与等により取得した株式等について、遺留分を算定するための財産の価額に算入すべき価額を**合意**の時における価額とすることができる。

経営法務

② 個人事業の承継の場合

個人事業の承継の場合、贈与等をされた事業用資産（土地、建物等）の全額について、**除外合意**の対象となる（注：**固定合意**は対象外）。

第2章 会社法等に関する知識

❶▶事業の開始等に関する基礎知識‥‥‥‥‥‥‥‥‥‥‥‥‥‥‥‥

■個人企業

すぐに開業できる一方で、事業に失敗した場合には、借金などすべての責任は事業主が負う（**無限**責任）。また、納める税金は所得税となり累進課税が適用され、所得が多いほど税率面で不利になる。

■法人企業

法人とは、自然人以外で権利能力（法人格）を認められた存在のことである。法人企業は設立に手間がかかるが、法人税の適用を受けるため一定の収入以上になれば税率面で、また信用力・資金調達・従業員採用においても個人事業より有利である。

■商号

商人・会社が事業を行うための名称。文字記載と発音が可能であることが必要（ローマ字や数字、一定の符号も可）。

① 商号の数……1営業について1個が原則（商号単一の原則）。

② 商号貸し（名板貸し）……自己の商号や氏名を他者が使用することを許した者は、その他者を信頼して取引をした相手方について、連帯して債務を弁済する責任を負う。

③ 不正目的による商号使用の廃止……**同一住所・同一名称**の商号のみ登記が禁止される。ただし、不正目的による類似商号の使用は規制される。

❷▶会社に関する基礎知識‥‥‥‥‥‥‥‥‥‥‥‥‥‥
■出資者責任

無限責任	会社債権者に対して、個人財産まで含めて負債総額の全額の責任を負うこと
有限責任	会社債権者に対して、出資額を限度とする責任を負うこと
直接責任	会社債務について、社員が直接弁済義務を負うこと
間接責任	会社債務について、社員が会社に出資する形で間接的に支払うこと

※　直接無限責任、直接有限責任、間接有限責任が組み合わせとして存在

※　株式会社の社員（＝株主）の責任形態は**間接有限責任**

❸▶株式会社‥‥‥‥‥‥‥‥‥‥‥‥‥‥‥‥‥‥‥‥
■株主総会（絶対的必要機関）
① 株主総会の意思決定事項

取締役会不設置会社	会社法に規定する事項および株式会社の組織・運営・管理その他株式会社に関する一切の事項について決議可
取締役会設置会社	会社法に規定する事項および定款で定めた事項に限り決議可

② 株主総会の種類
- ●定時株主総会……毎事業年度終了後一定の時期に招集が義務づけられる総会
- ●臨時株主総会……必要があればいつでも招集することができる総会
- ●種類株主総会……種類株主による株主総会

③ 株主総会の招集……原則として、**取締役**が行う（一定の要件を満たした株主も招集請求可）。招集地に制限はない。

経営法務

④ 株主総会の決議（原則）

	定足数	必要得票数	主な決議事項
普通決議	議決権を行使できる株主の議決権の**過半数**を有する株主の出席	出席株主の議決権の**過半数**	・計算書類の承認 ・取締役（原則）・会計参与・会計監査人の選任・解任 ・監査役の選任 ・役員の報酬 ・剰余金の配当など
特別決議		出席株主の議決権の**3分の2**以上	・監査役の解任 ・減資（資本金額の減少） ・定款の変更 ・組織再編等 ・解散など
特殊決議		議決権を行使できる株主の半数以上であって当該株主の議決権の3分の2以上	・株式の譲渡制限の定めをする場合における定款の変更など
		総株主の半数以上であって総株主の議決権の4分の3以上	・株式譲渡制限会社において株主ごとに異なる取扱いを定める場合の定款変更

⑤ 株主の権利
- 自益権……剰余金配当請求権、残余財産分配請求権など
- 共益権……議決権、代表訴訟請求権など

■取締役（絶対的必要機関）

①設置	絶対的必要機関。原則1人以上の取締役が必要。株式会社との関係は**委任**関係
②選任および解任	株主総会（**普通決議**）による
③欠格事由	法人、一定の刑に処せられた者など
④任期	原則**2年**。定款または株主総会（普通決議）により任期短縮可能。任期伸長は株式会社の形態により異なる
⑤報酬等	定款または株主総会（普通決議）により決定
⑥取締役の義務	・善管注意義務　・忠実義務　・競業避止義務　・利益相反取引規制・会社に対する損害賠償責任（原則として過失責任）

※　**3人**以上の取締役による取締役会を設置した場合、「取締役会設置会社」となる。

■監査役

取締役や会計参与の職務執行の監査（業務監査）、計算書類の監査（会計監査）を行う機関

①設置	任意（監査役設置会社）。株式会社との関係は**委任**関係
②選任および解任	選任…株主総会（**普通決議**）による
	解任…株主総会（**特別決議**）による
③欠格事由	取締役と同様
④任期	原則**4年**。任期短縮は不可
	任期伸長は株式会社の形態により異なる
⑤報酬等	定款または株主総会（普通決議）により決定

※　3人以上の監査役（うち半数以上は社外監査役）により監査役会を設置した場合、「監査役会設置会社」となる。

■会計監査限定監査役

株式譲渡制限会社（**監査役会設置会社**および**会計監査人設置会社**を除く）は、定款に定めることによって監査役の監査の範囲を会計監査に限

経営法務

定することができる。

■会計監査人

主として大規模な株式会社において計算書類の監査などを行う機関

①設置	任意（会計監査人設置会社）。株式会社の役員ではない
②選任および解任	株主総会（**普通決議**）による
③会計監査人の資格	**公認会計士**または**監査法人**に限定
④任期	**1年**。任期の短縮・伸長は不可
⑤報酬等	取締役の決定＋監査役（監査役会または監査委員会）の同意により決定

■会計参与

中小規模の株式会社が財務の健全性を確保できるように、取締役などと共同して計算書類の作成などを行う機関

①設置	任意（会計参与設置会社）。株式会社の役員。株式会社との関係は委任関係
②選任および解任	株主総会（**普通決議**）による
③会計参与の資格	**公認会計士・監査法人**または**税理士・税理士法人**に限定
④任期	原則**2年**。定款または株主総会（普通決議）により任期短縮可能。任期伸長は株式会社の形態により異なる
⑤報酬等	定款または株主総会（普通決議）により決定

■株式譲渡制限会社と公開会社（委員会設置会社系を除く）

株式譲渡制限会社	①定款に、発行する**全部**の株式について譲渡制限を定めている株式会社 ②**株主総会・取締役**を除いた全ての機関の設置は原則任意 ③定款により役員（取締役・監査役・会計参与）の任期を最長**10年**まで伸長可能 ④定款により、剰余金配当、残余財産の分配、株主総会の議決権について株主ごとの異なる取扱い可能
公 開 会 社	①株式譲渡制限会社以外の株式会社 ②**取締役会**の設置は必須 ③役員任期の伸長は不可

■取締役会設置会社

【取締役会設置会社の特徴（委員会設置会社系を除く）】

取締役会の設置	①公開会社……設置が義務づけられている ②株式譲渡制限会社……設置は任意
取締役会の構成	**3人**以上の取締役が必要
取締役会の権限	①取締役会設置会社の業務執行の決定 ②取締役の職務の執行の監督 ③代表取締役の選定および解職
代表取締役	取締役会による取締役からの選定義務　※取締役会設置会社でない場合、選定は任意（選定されていない場合、各取締役が代表取締役となる）
取締役会の運営	①招集権……原則、各取締役 ②招集手続……取締役会の**1週間**前までに各取締役に対して開催通知 ③取締役会の決議……定足数：取締役の**過半数**、必要得票数：出席取締役の**過半数**
議事録等	取締役会の議事録等は、当該取締役会の日から**10年間**、本店に備え置き義務

経営法務

■大会社

【大会社の要件】資本金**5億円**以上または負債総額**200億円**以上の株式会社

■委員会設置会社系

① 指名委員会等設置会社

【三委員会】取締役会で選定された**3人**以上の取締役（うち**過半数**は社外取締役）により組織

指名委員会	株主総会に提出する取締役・会計参与の選任・解任議案の内容の決定
監査委員会	①取締役・執行役・会計参与の職務執行の監査、監査報告の作成 ②株主総会に提出する会計監査人の選任・解任・不再任に関する議案の内容の決定 ③計算書類等の監査
報酬委員会	取締役・執行役・会計参与の個人別の報酬などの内容の決定

【指名委員会等設置会社の機関】

取締役	任期は原則**1年**。 定款または株主総会（普通決議）により短縮可能。伸長は不可
取締役会	設置必須（代表取締役の選定不可）
執行役	①1人（以上）の執行役の設置必須 ②任期は原則**1年**。定款により短縮可能。伸長は不可
代表執行役	執行役のうち代表執行役の選定必須（取締役会による）
監査役（会）	設置**不可**
会計監査人	設置**必須**
会計参与	設置**任意**

② 監査等委員会設置会社

指名委員会等設置会社の三委員会のうち、監査委員会だけを設置したイメージである（ただし、「監査等委員会」という）。

〔指名委員会等設置会社と監査等委員会設置会社の比較〕

		指名委員会等設置会社	監査等委員会設置会社	
株主総会		必須	必須	
取締役		必須	必須	
	任期※	1年（短縮可）	監査等委員以外	1年（短縮可）
			監査等委員	2年（短縮不可）
	選任	株主総会（普通決議）	株主総会（普通決議）	
	解任	株主総会（普通決議）	監査等委員以外	株主総会（普通決議）
			監査等委員	株主総会（特別決議）
取締役会		必須	必須	
代表取締役		不可	必須	
監査役・監査役会		不可	不可	
会計監査人		必須	必須	
会計参与		任意	任意	
執行役・代表執行役		必須	不可	

※　ともに伸長は不可。

経営法務

■その他の株式会社

監査役設置会社	①監査役の設置……原則任意 ②監査役の設置義務……取締役会設置会社（例外あり）、会計監査人設置会社（委員会設置会社系を除く） ③監査役の設置禁止……委員会設置会社系
監査役会設置会社※	①監査役会の設置……原則任意 ②監査役会の設置義務……大会社かつ公開会社（委員会設置会社系を除く） ③監査役会の設置禁止……委員会設置会社系 ④監査役会の構成……3人以上の監査役で構成（うち半数以上は社外監査役）
会計監査人設置会社	①会計監査人の設置……原則任意 ②会計監査人の設置義務……委員会設置会社系、大会社
会計参与設置会社	①会計参与の設置……原則任意

※　取締役会の設置が必要。

■機関設計

- 公開会社、監査役会設置会社、委員会設置会社系（指名委員会等設置会社および監査等委員会設置会社）は必ず取締役会を設置しなければならない。
- 大会社、委員会設置会社系（指名委員会等設置会社および監査等委員会設置会社）は必ず会計監査人を設置しなければならない。

21

■株式会社の設立

① 株式会社の設立手続

【発起設立】設立に際して発行する株式の全部を発起人が引き受けて設立

【募集設立】発起人が株式の一部を引き受け、残りの株式については新たに株主を募集して設立、払込金保管証明必要

② 定款……会社の根本規則、定款の変更には原則として株主総会の特別決議が必要

経営法務

■検査役の調査

変態設立事項がある場合、原則として、当該事項について検査役の調査を受けなければならないが、現物出資および財産引受に係る財産（「現物出資財産等」という）について以下のいずれかの場合には検査役の調査は不要となる。

① 現物出資財産等について定款に記載・記録された価額の総額が**500万円**を超えない場合

② 現物出資財産等のうち、市場価格のある有価証券について定款に記載・記録された価額が当該有価証券の市場価格として法務省令で定める方法により算定されるものを超えない場合

③ 現物出資財産等について定款に記載・記録された価額が相当であることについて弁護士・弁護士法人、公認会計士・監査法人、税理士・税理士法人の証明（現物出資財産等が不動産である場合にあっては、当該証明に加えて**不動産鑑定士**の**鑑定評価**）を受けた場合

■株式

① 株券不発行の原則（定款に定めれば発行可能）

② 募集株式の発行

	株式譲渡制限会社		公開会社
	取締役会不設置会社	取締役会設置会社	
通常の募集株式	**株主総会特別決議**	**株主総会特別決議**	取締役会決議
第三者に対する有利発行	（取締役に委任可）	（取締役会に委任可）	株主総会特別決議

③ 種類株式（種類株式発行会社）

ある事項について異なる内容を定めた異なる2以上の株式。内容および発行可能種類株式総数を定款に定めることにより発行可能。

剰余金の配当 残余財産の分配	【優先株】有利な内容を定める株式 【劣後株】不利な内容を定める株式	【普通株】有利でも不利でもない基準となる内容の株式
議決権制限株式	株主総会において議決権を行使できる事項に制限のある株式 【無議決権株式】議決権の全部について制限された株式 公開会社では、議決権制限株式の数が発行済株式総数の**2分の1**を超えたときは、直ちに、議決権制限株式の数を発行済株式総数の**2分の1**以下にするための必要な措置をとらなければならない。⇒株式譲渡制限会社では、このような発行制限はない	
譲渡制限株式	株式の譲渡（取得）について当該株式会社の承認を要する株式	
取得請求権付株式	株主が当該株式会社に対してその取得を請求することができる株式	
取得条項付株式	株式会社が一定の事由が生じたことを条件として取得することができる株式	
全部取得条項付種類株式	株式会社が株主総会の決議によって当該発行済種類株式の全部を取得することのできる株式	
拒否権付種類株式	【黄金株】株主総会・取締役会決議事項について、当該種類株主総会の決議も承認要件に加えた株式	
役員選任権付種類株式	取締役・監査役について、当該種類株主総会において選任する権限を与えた株式	

④ 自己株式

　　有償取得の場合は原則として株主総会普通決議（特定の株主からの有償取得の場合は特別決議）が必要。

⑤ 株式併合

　　数個の株式を合わせてその数よりも少ない株式に変更し、発行済株式総数を減少させること。株主総会の**特別決議**が必要。

⑥ 株式分割

　　発行済株式を細分化して従来より株式の数を増やすこと。取締役会設置会社では取締役会の決議、取締役会不設置会社では株主総会（普

経営法務

通決議）が必要。

■新株予約権

株式会社に対して行使することにより当該株式の交付を受けることができる権利（ストックオプションなど）。

【新株予約権発行手続】

	株式譲渡制限会社		公開会社
	取締役会不設置会社	取締役会設置会社	
通常の新株予約権	株主総会特別決議	株主総会特別決議	取締役会決議
第三者に対する有利発行	（取締役に委任可）	（取締役会に委任可）	株主総会特別決議

■社債

① 会社の公衆に対する借金。償還期限には社債を償還し利息も支払う。

② 取締役会設置会社では取締役会決議が必要。

③ 新株予約権付社債……新株予約権を付した社債。発行手続は新株予約権と同じ。

④ 原則として、社債管理者の設置が必要。

以下のいずれかの場合には社債管理者を設置しなくてもよい。

- 各社債の金額が1億円以上である場合。
- 社債の総額を各社債の金額の最低額で除して得た数が50（口）を下回る場合

⑤ 社債管理者の設置が義務づけられない場合（当該社債が担保付社債の場合を除く）、社債管理補助者に社債の管理の補助を委託することができる。

■計算

① 資本金および準備金の額の減少

資本金の額の減少	原則：株主総会特別決議
	例外：定時株主総会の決議であり、かつ減資を行った後に分配可能額が生じない場合（いわゆる欠損てん補の場合）=**株主総会普通決議**
準備金の額の減少	原則：株主総会**普通決議**

※ いずれの場合にも、原則として債権者保護手続が必要。ただし、定時株主総会の決議であり、かつ**準備金**の額の減少を行った後に分配可能額が生じない場合（いわゆる欠損てん補の場合）、債権者保護手続は不要。

② 剰余金の配当

原 則	株主総会**普通決議**※（回数に制限はない）	
例 外	株主総会特別決議	現物配当をする場合において、株主に金銭分配請求権を与えない場合
	取締役会決議（取締役会設置会社）	1事業年度中1回に限る（定款の定めが必要）（中間配当）

※ ⅰ）委員会設置会社系、またはⅱ）**会計監査人設置会社**かつ監査役会設置会社で取締役の任期を1年（以内）と定めた株式会社では、当該剰余金の配当を取締役会決議とする旨を定款に定めることができる。
　なお、**純資産額**が300万円を下回る場合には配当をすることができない。

経営法務

③ 計算書類等

名　称		保存義務
計算書類	貸借対照表	あり
	損益計算書	
	株主資本等変動計算書	
	個別注記表	
事業報告		なし
附属明細書		あり

❹▶持分会社 ……………………………………………………

■持分会社
合名会社、合資会社または**合同会社**の総称

※　持分：株式会社における「株式」にあたるもので、出資者の地位を表すもの

① 持分会社の設立……定款の作成は必要。公証人の認証は**不要**。

② 社員（出資者）および出資……出資者責任、出資形態は各持分会社により異なる。社員は法人でも可。

③ 社員の持分の譲渡…… ［原則］他の社員全員の承諾が必要。
　　　　　　　　　　　　　 ［例外］非業務執行有限責任社員の場合は**業務執行社員全員**の承諾が必要。

④ 持分会社の機関……定款自治により自由に機関設計が可能。

■合名会社
直接無限責任社員のみからなる会社

■合資会社
直接無限責任社員以外に**直接**有限責任社員が存在する会社

■合同会社（日本版LLC）
有限責任社員のみからなる（無限責任社員が存在しない）持分会社

❺▶組織再編等‥‥‥‥‥‥‥‥‥‥‥‥‥‥‥‥‥‥‥‥‥‥‥‥‥‥‥‥

■事業譲渡

一定の営業目的のために組織化された機能的財産を一体として移転し、譲受人が営業者たる地位を承継し、譲渡人が、法律上、競業避止義務を負うこと。

【事業譲渡に関する主な規定】

① 譲渡会社は、原則として、同一市町村および隣接市町村において**20年間**の競業禁止義務を負う。

② 株主総会特別決議が必要な事業譲渡

	譲渡会社	譲受会社
全部譲渡	必要	必要
重要な一部の譲渡	必要	不要
重要でない一部の譲渡	不要	不要

なお、「重要な一部の譲渡」とは、譲渡資産が譲渡会社の**総**資産額の5分の1（原則）を超える価額のものをいう。

③ 事業譲渡に反対する株主は、原則として**株式買取請求権**を有する。

④ 債権者保護手続は**不要**。

⑤ 親会社による子会社株式等の譲渡

譲渡会社が、その子会社の株式（または持分）の全部または一部の譲渡をする場合において、①当該譲渡の対象となる株式（または持分）の帳簿価額が、当該譲渡会社の**総**資産額の5分の1（定款で引下げ可）を超える場合で、かつ、②当該譲渡会社が、効力発生日において当該子会社の議決権の総数の過半数の議決権を有しなくなるとき（＝子会社の支配権を失う場合）には、株主総会の**特別決議**が必要となる。

■合併

2以上の会社が契約により1つの会社に合同する組織上の行為

① 吸収合併……会社が他の会社とする合併。合併により**消滅**する会社の権利義務の全部を合併後存続する会社に承継させる。

② 新設合併……2以上の会社がする合併。合併により**消滅**する会社の

権利義務の全部を合併により設立する会社に承継させる。

【合併に関する主な規定】

① 合併の当事会社は、合併契約について原則として株主総会特別決議による承認を受けなければならない。

② 合併に反対する株主は、原則として**株式買取請求権**を有する。

③ 債権者の利害に重大な影響を及ぼすおそれがあるため、債権者保護手続が必要。

■株式交換

ある株式会社（株式交換完全子会社）の株主が保有する全ての株式を、他の株式会社または合同会社（株式交換完全親会社）の株式または持分と交換する方法で、会社の買収を現金の代わりに株式を利用して行うことが可能となる。

■株式移転

ある株式会社（株式移転完全子会社）の株主が保有する全ての株式を、新たに設立する株式会社（株式移転設立完全親会社）の株式と交換する方法。

【株式交換・株式移転に関する主な規定】

① 株式交換・株式移転は、株式交換契約・株式移転計画について、原則として株主総会特別決議による承認が必要。

② 株式交換・株式移転に反対する株主は、原則として株式買取請求権を有する。

③ 債権者保護手続は原則として**不要**。

■会社分割

会社が事業の一部または全部を他の会社（新設会社・既存会社）に承継させ、その事業を自社から分割し外部に出すこと。

① 吸収分割……株式会社または合同会社がその事業に関して有する権利義務の全部または一部を分割後、他の会社に承継させること。

② 新設分割……1または2以上の株式会社または合同会社がその事業に関して有する権利義務の全部または一部を、分割により設立する会

社に承継させること。

③ 労働契約承継法……労働者保護の観点から労働契約の承継について定めた法律。

【会社分割に関する主な規定】

① 吸収分割契約・新設分割計画について、原則として株主総会特別決議による承認が必要。

② 会社分割に反対する株主は、原則として株式買取請求権を有する。

③ 債権者の利害に重大な影響を及ぼすおそれがあるため、原則として債権者保護手続が必要。

■労働契約の承継

制　　度	内　　　　　容		
事業譲渡	なし（承継させるためには労働者本人の個別の同意が必要		
合　　併	当然に承継		
株式交換・株式移転	なし（株主が替わるだけで労働契約の承継を伴うものではない）		
会社分割	労働契約承継法の定めによる		
	承継される事業に主として従事する者	分割契約（計画）に承継の定めあり	当然に承継
		分割契約（計画）に承継の定めなし	原則残留、異議を申し出れば承継
	承継される事業に主として従事する者以外	分割契約（計画）に承継の定めあり	原則承継、異議を申し出れば残留
		分割契約（計画）に承継の定めなし	当然に残留

■簡易組織再編

存続会社などが当該組織再編の対価として交付する株式などの財産価額が当該存続会社などの純資産額の**5分の1**以下などの要件を満たした場合、原則として承認株主総会を不要とする制度。

経営法務

制　　度		対象会社（株主総会が不要となる会社）
事業譲渡（全部譲渡※1）		譲受会社
合　　併	吸収合併	存続会社
株式交換		完全親会社
会社分割	吸収分割	承継会社
	新設・吸収共通	分割会社※2

※1　一部譲渡（譲受）の場合、そもそも譲受会社の株主総会決議は不要。

※2　分割会社では、純資産ではなく**総**資産額の5分の1以下（原則）等の場合に承認株主総会が不要となる。前述の、事業の「重要」な一部の譲渡と同じ要件である。

■略式組織再編

　支配関係にある会社間での組織再編について、**被支配会社**での承認株主総会を不要とする制度。

　※　支配関係のある会社間…**被支配会社**の総株主の議決権の**10分の9**以上を他の会社などが有している会社間のこと。

制　　度		対象会社 （被支配会社の場合に株主総会が不要となる会社）
事業譲渡	事業の全部譲渡	譲渡会社
	事業の重要な 一部の譲渡	
	事業の全部 譲受け	譲受会社
合　　併	吸収合併	存続会社
		消滅会社
株式交換		完全親会社
		完全子会社
会社分割	吸収分割	承継会社
		分割会社

31

■組織再編等のまとめ（原則）

	事業譲渡 事業譲受	合　併 吸　収	合　併 新　設	株式交換 (吸収型)	株式移転 (新設型)	会社分割 吸　収	会社分割 新　設
事前・事後の書類（書面）備置	不要	必要	必要	必要	必要	必要	必要
株主総会特別決議の要否	必要[※1]	必要	必要	必要	必要	必要	必要
株式買取請求権[※2]	あり	あり	あり	あり	あり	あり	あり
新株予約権買取請求権[※3]	なし[※4]	消滅会社	消滅会社	完全子会社	完全子会社	分割会社	分割会社
債権者保護手続	なし[※4]	あり	あり	なし[※5]	なし[※5]	あり[※6]	あり[※6]
労働契約の承継	なし[※4]	当然承継	当然承継	なし	なし	労働契約承継法の定め	労働契約承継法の定め
効力発生の時期	事業譲渡契約で定めた日	吸収合併契約で定めた日	(新設)会社成立の日	株式交換契約で定めた日	(新設)親会社成立の日	吸収分割契約で定めた日	(新設)会社成立の日
簡易組織再編	譲受会社	存続会社	なし	完全親会社	なし	承継会社	分割会社
略式組織再編	譲渡会社 譲受会社	存続会社 消滅会社	なし	完全親会社 完全子会社	なし	承継会社 分割会社	なし

※1 「事業の全部または重要な一部の譲渡」「他の会社の事業の全部の譲受け」の場合に必要。

※2 事業の重要でない一部の譲渡（＝株主総会決議不要）における譲渡会社や簡易組織再編における対象会社（＝株主総会決議不要）等の株主には認められない。

経営法務

※3　行使条件の変更等、新株予約権者に不利益が生じる場合に必要。

※4　事業譲渡において、債権・債務（新株予約権を含む）や労働契約を譲受会社に移転（承継）させるためには、それぞれ債権者・労働者の個別の同意が必要。

※5　完全子会社の株主に対して完全親会社の株式以外の財産を交付する一定の場合や新株予約権付社債が承継された場合に必要になることがある。

※6　分割会社は、分割後も分割会社に対して債権を有する債権者（残存債権者）について債権者保護手続は不要。

■対価の柔軟化

柔軟化が認められる類型	吸収型（吸収合併、株式交換、吸収分割。事業譲渡もこのグループ）の組織再編行為※1
対価の内容	株式または持分に代わる金銭等※2

※1　新設型で認められていないのは、新設型において株式を全く用いないとすれば株主が存在しなくなるからである（株主が存在しない株式会社を会社法は想定しない）。

※2　財産的な価値があるものであれば制限はない。具体的には、金銭、社債、新株予約権、新株予約権付社債、現物、親会社・子会社・関連会社株式などが考えられる。

❻▶会社法等に関するその他の知識
■民法組合
　組合契約に基づくものであり、各当事者が出資をして共同で事業を営むことを約する契約。

【特徴】
　①　法人格はない。
　②　組合員は無限責任を負う。

■有限責任事業組合（LLP）

個人または法人が出資して、それぞれの出資の価額を責任の限度として共同で営利を目的とする事業を営むことを約し、各当事者がそれぞれの出資に係る払込みまたは給付の全部を履行することによって、その効力を生ずる契約。

【特徴】
① 法人格はない。
② 有限責任制……出資者が出資額までしか責任を負わない。
③ 内部自治原則……利益や権限の配分が出資金額の比率に拘束されず、経営者に対する監視機関（取締役会、監査役等）の設置が強制されない。
④ 構成員課税……有限責任事業組合自体には課税されず、構成員たる出資者に直接課税される（パススルー課税）。

第3章 資本市場に関する知識

❶▶証券市場の種類‥‥‥‥‥‥‥‥‥‥‥‥‥‥‥‥‥‥‥‥‥‥
■金融商品取引所

東京証券取引所は、2022年4月4日付で、スタンダード市場・プライム市場・グロース市場の3つの市場区分に再編した。このうちグロース市場では、上場にあたり、収益基盤（利益）・財政状態（純資産）いずれも審査されない。

経営法務

❷ ▶ 金融商品取引法に関する基礎知識 ·····················
■企業内容等の開示書類のまとめ

	書類名	主たる提出義務者	提出期限	縦覧期間
発行開示	有価証券届出書	有価証券の募集または売出しを行う発行者	なし（提出しなければ勧誘や締結ができない）	5年間（原則）
	目論見書		あらかじめ（または売付けと同時）	なし（投資者に直接交付）
継続開示	有価証券報告書※	上場会社	事業年度経過後3月以内	5年間
	四半期報告書※	上場会社	四半期経過後45日以内	3年間
	臨時報告書	有価証券報告書提出会社	遅滞なく	1年間
	内部統制報告書	上場会社	有価証券報告書と併せて	5年間

※　確認書制度の適用あり。

第4章　倒産等に関する知識

❶ ▶ 倒産の概要 ···
■私的整理
　法的な手続きによらず、債務者と債権者同士の話し合いで企業の債務を整理する手続で、清算型もあれば再建型もある。

■清算型の手続
① 　破産……債務者が経済的に破綻し債務が返済できなくなった場合に、その財産や相続財産を清算する手続。

【破産原因】

支払不能	債務者が、支払能力を欠いているため、弁済期にある債務を弁済できない状態にあること。債務超過と異なり、債務者の信用、労力も総合して判断
支払停止	債務者が、債務の弁済を行うことができない状態に陥ったことを自ら表示する行為
債務超過	債務者（**合名・合資会社**を除く法人の場合）が、その債務について、その財産をもって完済することができない状態

② 特別清算……清算中の**株式会社**に清算を進めていくのに著しい支障を来すような事情があるか、債務超過の疑いがあるときに行われる手続。

■再建型の手続

① 民事再生……経済的に窮地にある債務者の事業または経済的生活の再生を図ること。債務者は法人・個人を問わず、再生手続の開始後も原則として債務者自らが会社再建を行うことができる。

【民事再生手続】

[再生計画案可決の要件]
議決権者の過半数の同意かつ議決権者の議決権総額の2分の1以上の議決権者の同意

② 会社更生……事業の継続に著しい支障を来すことなく弁済期にある債務を弁済できない**株式会社**や、破産手続開始の原因たる事実の生ずるおそれのある**株式会社**について、債権者や株主などの利害を調整しながら、事業の維持更生を図るもの。

【会社更生手続】

■担保物権の取扱い

① 破産・民事再生……抵当権等の担保物権を有する担保権者は、原則として手続に関係なく、権利を実行して優先弁済を受けられる（**別除権**）。
② 会社更生……担保権者は「更生担保権者」とよばれ、**更生計画**に拘束され、**更生計画**による弁済を受ける。

■倒産法制のまとめ

	手続の名前	対　象	開始原因	申立権者	管理処分権	特　徴
清算型	破産手続 (破産法)	個人・法人	支払不能 支払停止 債務超過	債権者 債務者	破産管財人	清算型の代表 的手続
清算型	特別清算手続 (会社法)	清算中の **株式会社**	債務超過 の疑い等	債権者 清算人 監査役 株主	(特別) 清算人	清算中の**株式 会社**の破産手 続よりも簡易 な清算手続
再建型	民事再生手続 (民事再生法)	個人・法人	破産手続 開始原因 の生ずる おそれ等	債権者 債務者	債務者 (原則)	再建型の基本 **株式会社**以外の 会社の再建は民 事再生手続
再建型	会社更生手続 (会社更生法)	**株式会社**	破産手続 開始原因 の生ずる おそれ等	債権者 株式会社 株主	更生管財人	**株式会社**の強 力な再建手続

経営法務

第5章 知的財産権等に関する知識

❶▶産業財産権
■知的財産権の分類

■特許法（「発明」に関する法律）

定義	発明：自然法則を利用した技術的思想の創作のうち高度のもの
特許要件	①産業上利用可能性（農林水産業なども含む） ②新規性（公知発明、公用発明、頒布された刊行物・インターネットで公表された発明は不可。新規性喪失の例外規定あり） ③進歩性（その分野の技術者が効果を容易に予測できる場合は不可） ④先願主義（複数の出願のうち最初に出願した者に特許権を付与） ⑤公序良俗・公衆衛生に反しないこと
取得手続	①出願 　１）願書 　２）明細書（発明の名称、図面の簡単な説明、発明の詳細な説明） 　３）特許請求の範囲（出願の単一性） 　４）要約書 　５）図面（任意） ②方式審査 ③審査請求（出願日から原則3年以内に要審査請求） ④実体審査（拒絶査定の場合、拒絶査定不服審判請求、審決取消訴訟が可能） ⑤出願公開（出願日から原則1年6月経過すると強制的に出願公開） ⑥特許査定・設定登録（特許査定謄本送達日から原則30日以内に特許料納付）
同一日の複数出願	当事者間の協議（不成立の場合は誰も特許を受けられない）
成立後	①特許無効審判（利害関係人のみ、いつでも請求可能） ②特許異議の申立て（誰でも請求可能。特許公報発行から6月以内）
存続期間	①出願日から原則20年間（権利発生は登録日から） ②一定の場合、延長が可能

経営法務

権利	①独占排他権
	②専用実施権（設定した範囲において、特許発明を排他独占的に利用できる権利。当事者の設定契約および設定登録が必要）
	③通常実施権（許諾による通常実施権、法定通常実施権、裁定通常実施権）
	④仮専用実施権、仮通常実施権（出願段階の発明へのライセンス制度）
	⑤当然対抗制度（通常実施権、仮通常実施権）
	⑥質権の設定可能
	⑦権利の移転自由（登録必要）
共同発明	①出願：共同
	②持分譲渡、実施権の設定等：共同または共有者の同意
	③特許権の実施：自由（共有者の同意不要）
職務発明	①発明者（従業員等）：発明の完成
	1）特許権
	2）相当の利益
	②使用者（企業）：
	1）無償の通常実施権
	2）特許を受ける権利の取得（特許権の承継、（仮）専用実施権の設定）⇒あらかじめ勤務規則等に定めることにより、はじめから企業に特許を受ける権利が帰属する
先使用権	特許出願に係る発明の内容を知らずにその発明をし、事業をしている者などに対し、その事業の目的の範囲内において特許の発生後も引き続きその発明を業として実施できる**無償の通常実施権**

■実用新案法（「考案」に関する法律）

定義	考案：自然法則を利用した技術的思想の創作で物品の形状、**構造**、組合せに係るもの（高度である必要なし）
要件	①産業上利用可能性 ②新規性、新規性喪失の例外規定（特許と同様） ③進歩性（特許と比べ低くても認められる） ④先願主義（特許と同様） ⑤公序良俗・公衆衛生に反しないこと
取得手続	①出願 　1）願書（特許と同様） 　2）明細書（特許と同様） 　3）実用新案登録請求の範囲（特許と同様） 　4）要約書（特許と同様） 　5）図面（特許と異なり、必ず添付する必要あり） ②方式審査（特許と同様） ③**無審査主義**（実体審査なし。出願があれば原則、登録） ④設定登録（原則、**出願と同時**に登録料を納付）
同一日の複数出願	誰も実用新案登録を受けられない
成立後	実用新案登録無効審判（誰でも、いつでも請求可能）
存続期間	出願日から**10年間**（権利発生は登録日から）
権利	①独占排他権 ②ライセンス 　1）専用実施権（特許と同様） 　2）通常実施権（特許と同様） 　3）仮通常実施権（仮専用実施権はない） 　4）当然対抗制度（特許と同様） ③質権の設定可能 ④権利の移転自由（登録必要）
実用新案技術評価書	出願された考案の新規性、進歩性などについて特許庁の審査官が評価し、実用新案権の有効性の判断を示した書類。
実用新案登録に基づく特許出願	実用新案登録出願から原則**3年**以内であれば可能（特許権の存続期間は、実用新案の出願から原則20年）
その他	共同考案、職務考案、先使用権（特許と同様）

経営法務

■意匠法（「デザイン」に関する法律）

定義	物品（物品の部分を含む。）の形状、模様もしくは色彩もしくはこれらの結合（＝「形状等」という。）、**建築物（建築物の部分を含む。）**の形状等または画像（原則として、機器の操作の用に供されるもの、または機器がその機能を発揮した結果として表示されるものに限り、画像の部分を含む。）であって、視覚を通じて美感を起こさせるもの
要件	①**工業上**利用可能性（農業、商業などは含まれない） ②新規性（公知意匠、頒布された刊行物・インターネットで公表された意匠は不可。新規性喪失の例外規定は特許と同様） ③創作性（容易に創作できないこと） ④先願主義（複数の出願のうち最初に出願した者に意匠権を付与） ⑤不登録事由 　1）公序良俗違反 　2）出所の混乱が生じるもの 　3）物品の機能を確保するために不可欠な形状のみからなる意匠
取得手続	①出願 　1）願書（意匠に係る物品など） 　2）図面（必須、写真やひな形・見本でも可） ②方式審査 ③実体審査 ④登録査定・設定登録（特許と同様）
同一日の複数出願	当事者間の協議（不成立の場合は誰も意匠登録を受けられない）
成立後	意匠登録無効審判（誰でも、いつでも請求可能）
効力・存続期間	①効力：登録意匠に類似する意匠にまで及ぶ ②存続期間：**出願**日から**25年間**

権利	①独占排他権 ②ライセンス 　1）専用実施権（特許と同様） 　2）通常実施権（特許と同様） 　3）仮通常実施権（仮専用実施権はない） 　4）当然対抗制度（特許と同様） ③質権の設定可能 ④権利の移転自由（登録必要）
その他	共同創作、職務創作、先使用権（特許と同様）
部分意匠制度	物品等の全体から物理的に切り離せない部分に関する意匠について意匠登録を受けることができる制度
組物意匠制度	同時に使用される二以上の物品等であって、経済産業省令で定められた構成物品で、組物全体として統一感があるものを一意匠として出願し、意匠登録を受けることができる制度
関連意匠制度	意匠（本意匠）に類似する意匠（関連意匠）について意匠登録を受けることができる制度。関連意匠にのみ類似する意匠も登録可能
秘密意匠制度	原則、登録から**3年**を限度として意匠を秘密にすることを認める制度

■商標法（「商標」に関する法律）

定義	人の**知覚**によって認識することができるもののうち、文字、図形、記号、立体的形状もしくは**色彩**またはこれらの結合、**音**その他政令で定めるものであって、商品・役務に使用するもの 　1）商品商標：商品に関するもの（商品マーク） 　2）役務商標：サービスに関するもの（サービスマーク）
商標の機能	1）**出所表示機能**　2）品質保証機能　3）宣伝広告機能
商標の分類	1）文字商標　2）図形商標　3）記号商標　4）立体商標 5）結合商標　6）動き商標　7）ホログラム商標 8）色彩のみからなる商標　9）音商標　10）位置商標
登録主義	登録により商標権が発生⇔使用主義
要件	①一般的登録要件（自他商品・役務識別力を持つこと） ②不登録事由 ③商品の類似（外観類似、観念類似、称呼類似）

経営法務

取得手続	①出願 　1）願書（指定商品・指定役務の区分など） 　2）必要な書面（図面など。任意） ②方式審査（他の産業財産権と同様） ③出願公開（出願があったとき） ④実体審査（出願日から**1年6月以内**に拒絶理由が発見されなければ登録）
同一日の複数出願	当事者間の協議（不成立の場合はくじで決定）
成立後	①商標登録の無効の審判（利害関係人のみ、いつでも請求可能） ②登録異議の申立て（誰でも請求可能。商標公報発行から**2月**以内） ③不使用取消審判、不正使用取消審判
存続期間	登録日から**10年間**（更新可能）
権利	①独占排他権（使用権・禁止権） ②ライセンス 　1）専用使用権（他の産業財産権の専用実施権と同様） 　2）通常使用権（他の産業財産権の通常実施権と同様） 　※仮制度、当然対抗制度はない ③質権の設定可能 ④権利の移転自由（登録必要）
先使用権	①当該商標が需要者に広く認識（周知）されていること ②商標権者等は先使用権者に対し、自己の登録商標との混同を防ぐのに適当な表示を付すべきことを請求できる
防護標章登録制度	登録商標を使用した結果、需要者に広く認識（著名）された場合、その登録商標を他人が指定商品または役務以外に使用することによって商品または役務の出所の混同を生じさせるおそれがある時、他人の当該登録商標の無断使用を禁止する制度
団体商標登録制度	事業者を構成員に有する団体が、その構成員に使用をさせる商標について商標登録を受けることができる制度
地域団体商標登録制度	地域名と商品名からなる商標（地名入り商標）について、早期の団体商標登録を受けることができる制度
小売等役務商標制度	小売業者または卸売業者の店舗名等に使用する商標をサービスマークとして保護する制度

❷▶産業財産権の権利侵害に対する手段・・・・・・・・・・・・・・・・・・・・・・・

■産業財産権の権利侵害に対する対応策

① 自己の特許権が侵害された場合

【特許権者および専用実施権者が行うことのできる行為】

対応策	概　　要
差止請求	相手方が任意に侵害行為を停止しない場合には、仮処分等の法的手段により差止請求を行う。侵害の予防に必要な行為の請求も可能
損害賠償請求	①特許権の侵害が侵害者の故意・過失に基づく場合、民法の**不法行為**に基づく損害賠償請求が可能。 ②特許法で認められた損害賠償請求権の行使を容易にする規定 　1）侵害者の過失の推定 　2）損害額の推定
不当利得返還請求	無過失責任
信用回復措置請求	新聞に謝罪広告の掲載を求める等
刑事告訴	侵害者が故意に特許権侵害を行っている場合、刑事処分を求めることも可能

② 他者から警告を受けた場合
- 正確な調査と回答
- 先使用権の主張の検討

③ 知的財産権における過失の推定規定および損害額の推定規定のまとめ

	過失の推定規定	損害額の推定規定
特許法	あり	あり
実用新案法	**なし**	
意匠法	あり（**秘密意匠**ではなし）	
商標法	あり	
著作権法	**なし**	
不正競争防止法	**なし**	

46

経営法務

❸ ▶ 産業財産権以外の知的財産権
■著作権法
① 目的

著作物ならびに実演、レコード、放送および有線放送に関し著作者の権利およびこれに隣接する権利を定め、これらの文化的所産の公正な利用に留意しつつ、著作者等の権利の保護を図り、もって**文化の発展**に寄与すること。

② 著作物

思想または感情を創作的に表現したものであって、文芸、学術、美術または音楽の範囲に属するもの。

③ 他の著作物

二次的著作物	原著作物（一次的著作物）を翻訳、編曲、変形、脚色、映画化、その他翻案することにより創作した著作物
共同著作物	2人以上の者が共同して創作した著作物で、その各人の寄与分を分離して個別に利用できないもの

④ 著作権の分類

- 著作者人格権

一身専属的な人格的利益を保護する権利。譲渡・相続できない。

公表権	著作物を公表するかどうか、また公表する場合の時期や方法について決定する権利
氏名表示権	著作物に著作者名を表示するかどうか、また表示する場合どのように表示するか（本名、ペンネームなど）について決定する権利
同一性保持権	著作者の意に反して著作物の内容や題名を勝手に変えたり、切除したりさせない権利

● 著作財産権

著作者の創作した著作物が、他人に勝手に使用されることを禁止し、著作者の経済的利益を保護する権利。譲渡・相続は可能。

複製権	著作物を複製する権利 ※複製：印刷、写真、複写、録音、録画、パソコンのハードディスクやサーバへの蓄積その他の方法によって有形的に再製すること
上演権・演奏権	著作物を公衆に、直接見せるもしくは聞かせるために、演劇を上演したり、音楽を演奏する権利
上映権	映画や写真などの著作物を映写する権利 ※上映：著作物をスクリーンやディスプレイに映写すること
公衆送信権・伝達権	①公衆送信権：著作物を公衆送信する権利 ※インターネットの場合、サーバ等への蓄積（アップロード）、違法ダウンロードも対象 ②伝達権：公衆送信される著作物を受信装置を使って公に伝達する権利
口述権	小説などの言語著作物を、朗読、講演などにより公衆に対して口頭で直接に伝達する権利
展示権	美術の著作物、未発表の写真の著作物の原作品を公に展示する権利
頒布権	映画のフィルムといった著作物を、有償無償を問わず、譲渡・貸与する権利
譲渡権	映画以外の著作物について、その原作品や複製物を譲渡により公衆に提供する権利
貸与権	映画以外の著作物について、その原作品や複製物を貸与により提供する権利
二次的著作物の創作権	著作物を翻訳、編曲、変形、脚色、翻案などして、新たな創作行為を加えて二次的著作物を創作する権利 ※変形：絵画を写真にしたり、写真を絵画にしたりすること ※翻案：小説を脚本にしたり、文芸作品を映画化したりすること
二次的著作物の利用権	二次的著作物の原著作物の著作者は、その二次的著作物の利用に関し、その二次的著作物の著作者がもつ権利と同一の権利をもつ

経営法務

- 著作隣接権

  実演家（俳優・歌手・演出家など）、**レコード製作者、放送事業者、有線放送事業者**に認められた権利。人格権は実演家のみ認められる（実演家人格権）。財産権は全ての著作隣接権者に認められる。

⑤　著作権の発生
- **無方式**主義：手続不要。創作と同時に著作者に権利が発生する。
- 著作権の登録：著作権の発生要件ではなく、第三者への対抗要件。

⑥　著作権の保護期間（原則）
- 著作権の効力発生（創作時）から著作者の生存中および死後**70**年まで。

⑦　著作権の制限（著作権侵害にならない行為）
- 私的使用のための複製（企業活動が絡む場合は、私的使用にはあたらない）。ただし、私的使用目的であっても、違法にアップロードされたものだと**知りながら**侵害コンテンツをダウンロードする行為は、一定の要件の下で、著作権侵害となる。

  そして、違法にアップロードされた著作物のダウンロード規制（私的使用であっても著作権侵害とする規制）について、対象が著作物全般（音楽、映像、漫画、書籍、論文、コンピュータプログラムなど）に拡大されている。
- プログラムの著作物の複製物の所有者による複製など（プログラムの著作物の複製物の所有者が利用するために必要な限度内で行う場合に限られる）。

⑧　著作権の活用
- 著作権の移転自由、質権の設定可能。
- 出版権（**電子**出版も対象）

⑨　著作権の侵害
- 直接侵害……著作権者に無許諾で、正当な理由なく著作物を利用するなどの行為。
- 擬制侵害……販売・配布目的での海賊版の輸入・頒布、著作者の名誉を害するなどの行為等。
- 侵害行為への対応策……損害賠償請求、差止請求、不当利得返還請求、名誉回復等措置請求、刑事告訴。

■不正競争防止法

① 目的

事業者間の公正な競争およびこれに関する国際約束の的確な実施を確保するため、不正競争の防止および不正競争に係る損害賠償に関する措置等を講じ、もって国民経済の健全な発展に寄与すること。

② 商品等表示

1）氏名　2）商号　3）商標　4）標章（マーク）　5）商品の容器もしくは包装

6）その他の商品または営業を表示するもの

③ 不正競争行為の類型

● 周知表示混同惹起行為

他人の商品等表示として、需要者間に広く認識されているものを使用などすることで、他人の商品・営業と混同を生じさせる行為。

● 著名表示冒用行為

他人の著名（「周知」よりも広い範囲を想定）な商品等表示と同一・類似のものを、自己の商品等表示として使用などする行為。

フリーライド (ただ乗り)	著名表示の顧客吸引力や財産的価値にただ乗りすること
ダイリューション (希釈化)	希少価値をもつ著名表示と、その著名表示の使用者との結びつきが、冒用行為によって薄められること
ポリューション (汚染)	著名表示のイメージが汚染されるといった不利益が生じること

● 商品形態模倣行為（デッドコピー）

他人の商品の形態を、日本国内で最初に発売された日から3年以内に模倣し、譲渡等する行為。

● 営業秘密（トレードシークレット）に係る不正行為。

経営法務

秘密管理性	客観的に秘密として管理されていると認められる状態にあること
有用性	当該情報自身が客観的に事業活動に利用されることによって、経費の節約、経営効率の改善などに役立つものであること
非公知性	保有者の管理下以外では、一般的には入手できない状態にあること

- 限定提供データに係る不正行為

  ID・パスワード等の技術的な管理を施して提供されるデータ（限定提供データ）を不正に取得・使用等する行為。①限定提供性、②相当蓄積性、③電磁的管理性の３つの要件（のすべて）を満たさなければならない。なお、同じ情報が、営業秘密と限定提供データのいずれにも該当することはない。

- デジタルコンテンツ技術的制限手段の無効化行為

  ビデオソフトでのコピーを防止する機能や、衛星放送などで用いるアクセス関連の機能を無効化する装置またはそのプログラムの記録媒体などを譲渡したり、プロテクト破りをするサービスを提供する行為等。

- ドメイン名不正登録等行為

  不正の利益を得る、または他人に損害を与える目的で、他人の特定の商品等表示と同一・類似のドメイン名を取得し使用する行為（サイバースクワッティング、フィッシング）。

- 商品や役務の品質・内容などの誤認惹起行為。

  商品や役務の品質・内容などを偽ったり、誤認をさせるような表示をし、その商品などを譲渡・提供する行為。

- 信用毀損行為

  競争関係にある他人の営業上の信用を害する虚偽の事実を告知しまたは流布する行為。

- 代理人等の商標冒用行為

  外国の商標権者の承諾なしに、その代理人等が、その商標と同一・類似の商標を同一・類似の商品・役務に使用等する行為。

第6章 その他経営法務に関する知識

❶ ▶独占禁止法（私的独占の禁止及び公正取引の確保に関する法律）…

■私的独占の禁止

事業者が単独または他の事業者と手を組み、不当な低価格販売、差別価格による販売などの手段を用いて、競争相手を市場から排除したり、新規参入者を妨害して市場を独占しようとする行為は「排除型私的独占」として禁止されている。

また、有力な事業者が、株式の取得、役員の派遣などにより、他の事業者の事業活動に制約を与えて、市場を支配しようとすることも「支配型私的独占」として禁止されている。

■不当な取引制限の禁止

事業者または業界団体の構成事業者が相互に連絡を取り合い、本来、各事業者が自主的に決めるべき商品の価格や販売・生産数量などを共同で取り決め、競争を制限する行為は「カルテル」として禁止されている。

国や地方公共団体などの公共工事や物品の公共調達に関する入札の際、入札に参加する事業者たちが事前に相談して、受注事業者や受注金額などを決めてしまう「入札談合」も不当な取引制限として禁止されている。

■不公正な取引方法の禁止

自由な競争を減殺する行為、競争の基盤を侵害するような行為は「不公正な取引方法」として禁止されている。共同の取引拒絶、差別対価、不当廉売、再販売価格の拘束、優越的地位の濫用などがある。

■課徴金納付命令および課徴金減免制度

課徴金納付命令とは、独占禁止法の違反行為を行った事業者に対して、一定の算式に従って計算された金額を課徴金として国庫に納めるように公正取引委員会が命じる行政処分のことである。不当な取引制限（カルテル、入札談合）、私的独占（支配型および排除型）および一定の不公正な取引方法（共同の取引拒絶、差別対価、不当廉売、再販売価格

経営法務

の拘束、**優越的**地位の濫用）が課徴金の対象となる。

　うち、**カルテル**・入札談合については、事業者が自ら関与したその違反内容を公正取引委員会に自主的に報告した場合、課徴金が減免される課徴金減免制度が設けられている。

❷▶製造物責任法（PL法）

■製造物責任法（PL法）

　製造物に欠陥があり損害を被った場合に、製造業者（メーカー）に**無過失**責任（欠陥責任）を負わせ、消費者などの被害者が製造業者に対して直接損害賠償を請求できることを定めた法律。

■製造物

　製造物とは、**製造**または**加工された動産**をいう。

「製造物」となるもの	「製造物」とならないもの
・工業製品、手工芸品（原料、材料、部品、完成品の別を問わない） ・住宅に組み込まれた電気製品 ・煮干し、漬物、出し昆布（極めて簡単でも加工がなされていれば「製造物」） ・輸血用血液製剤	・電気などエネルギー ・サービス（医療、美容、理容、クリーニング、運送など） ・コンピュータのプログラム ・不動産（欠陥宅地、欠陥住宅） ・未加工の農水産物（畑でとれたばかりの野菜、漁獲した魚介類）

❸▶消費者保護法制

■消費者保護法制

① 景品表示法（不当景品類及び不当表示防止法：景表法）
- 過大な景品類の提供の規制

	取引価額	景品類の最高額	景品類の総額制限
一般懸賞	5,000円未満	取引価額の20倍	売上予定総額の2％
	5,000円以上	10万円	
共同懸賞	金額にかかわらず	**30万円**	売上予定総額の3％

53

総付景品	1,000円未満	200円	制限なし
	1,000円以上	取引価額の2/10	

- 不当表示
  1) 優良誤認表示（商品または役務の品質、規格などに関する不当表示の規制）
  2) 有利誤認表示（商品または役務の価格その他の取引条件についての不当表示の規制）
  3) その他の誤認表示（内閣総理大臣が指定する表示の規制）
② 消費者契約法……消費者契約について、消費者が契約の取消や無効を主張できる場合を定めた法律。
③ 特定商取引法……特定商取引（ネガティブオプションを除く次表の取引）などを規制し、消費者を保護する法律。

取引名	ポイント
訪問販売	キャッチセールス、アポイントメントセールス、催眠商法（SF商法）含む。クーリングオフは8日以内
訪問購入	訪問販売の逆で、消費者等が、自宅に押しかけた事業者に貴金属等を強引に買い取られるといった行為。クーリングオフは8日以内
電話勧誘販売	氏名などの明示義務、拒否者に対する勧誘の禁止等。クーリングオフは8日以内
通信販売	クーリングオフ制度は規定されていない（「返品制度なし」等の明示がない場合は、8日以内に返品等が可能）
連鎖販売取引	マルチ商法など。クーリングオフは20日以内
特定継続役務提供	エステティックサロンや英会話スクールなど長期契約・一括支払いをさせる取引が対象。クーリングオフは8日以内
業務提供誘引販売取引	内職・モニターなどの仕事の提供を条件に必要な商品やサービスの契約をさせる取引。クーリングオフは20日以内
ネガティブオプション	一方的な送りつけ商法。売買契約は成立していないため、送りつけられた商品は直ちに処分できる（令和3年7月6日改正）

経営法務

❹▶国際取引 ∙∙

■準拠法
外国企業と取引をし、紛争が発生した場合に適用される法律のこと。

① 国際私法……どの国の法律を準拠法とするかの決定基準。日本の国際私法は「法の適用に関する通則法」（通則法）。

② **当事者自治の原則**……準拠法の決定を当事者の意思に任せようというもの。通則法では当事者が準拠法を前もって決めていなかった場合、最密接関係地の法律（最密接関係地法）を準拠法としている。

■FOB（Free On Board：本船渡条件）
船積港（売主が出荷する港）で売主が売買契約の目的物を船積みすることにより、売主の義務が完了する売買契約のこと。船積みに必要な船舶の手配、海上保険契約の締結は買主の義務であり、売主は海上運賃や保険料を負担しない。

■CIF（Cost, Insurance and Freight：運賃保険料込条件）
売主が仕向港（買主が荷揚する港）までの海上運賃と海上保険料を負担する売買契約のこと（Cost：原価、Insurance：保険、Freight：運賃）。

経営情報システム

第1章　情報技術に関する基礎的知識

❶▶ハードウェア・・・・・・・・・・・・・・・・・・・・・・・・・・・・・・・・・・・・・・

■コンピュータの5大装置

① 5大装置
- **入力装置**：マウス、キーボードなど
- **出力装置**：ディスプレイ、プリンタなど
- **記憶装置**：主記憶装置、補助記憶装置
- **演算装置**：四則演算、論理演算、比較演算などを行う装置
- **制御装置**：入力、出力、記憶、演算の各装置を制御する装置

② マザーボード：CPUや記憶装置などの部品を装着する基板のこと

③ バス：各機器が共有するデータ伝送路

■CPU（Central Processing Unit：中央演算処理装置）

① CPUの機能
- **制御機能**：主記憶（記憶装置）から命令を取り出し、解読、実行および入力装置、出力装置の制御を行う
- **演算機能**：算術演算、論理演算を行う

② CPUの高速化

種類	内容
パイプライン制御	CPU は①命令読込、②解釈、③実行、④結果格納、といった手順で作業を行っている。通常は順に実行されるが、これを並行処理することによって高速化を図る。
マルチプロセッサ	複数の処理装置（CPU）で、主記憶装置と補助記憶装置を共有することにより、並列処理を可能にしたシステムである。
デュアルコアCPU	デュアルコアCPUとは、1つのCPUに2つのプロセッサコア（中枢機構）を集積したCPUである。シングルコアCPUは、1つのCPUでプロセス（コンピュータの処理単位）を同時に1つしか処理できないのに対して、デュアルコアCPUは、1つのCPUでプロセスを同時に2つ処理できる。

経営情報システム

クアッドコアCPU	４つのプロセッサコア、または２つのデュアルコアプロセッサを搭載したCPUである。
ヘキサコアCPU	６つのコアプロセッサを搭載したCPUである。
オクタコアCPU	８つのコアプロセッサを搭載したCPUである。
デカコアCPU	10個のコアプロセッサを搭載したCPUである。
ドデカコアCPU	12個のコアプロセッサを搭載したCPUである。

■記憶装置

① 半導体メモリ
- ROM（Read Only Memory）
  1）マスクROM：製造時に一度データを書き込むと、後から一切書き込みができない
  2）PROM（Programable ROM）：
  特殊な装置を用いて一度だけ書き込み可能
  3）EPROM（Erasable Programable ROM）：
  データの消去が可能
  4）EEPROM（Electrically Erasable and Programable ROM）：
  電気的に消去可能なROM、フラッシュメモリ
- RAM（Randam Access Memory）：
  電気的に読み書きが可能なメモリ
  1）DRAM（Dyanamic Randam Access Memory）：
  データの記憶は電荷によって行う。SDRAM（Synchronous DRAM）や DDR SDRAM（Double Data Rate SDRAM）、RDRAM（Rambus DRAM）などがある。
  2）SRAM（Static Randam Access Memory）：
  記憶素子にフリップフロップ回路を用いる

	DRAM	SRAM
処 理 速 度	遅 い	速 い
用 途	主記憶装置	キャッシュメモリ
リ フ レ ッ シ ュ	必 要	不 要

59

② 記憶装置の階層

③ 高速化および有効化
- **キャッシュメモリ**：CPUと主記憶との速度差を埋めるために、両者の中間に置かれるメモリのこと。
  1) キャッシュ機能：一度アクセスしたデータを主記憶よりも高速なキャッシュメモリに記憶する方式。
  2) ヒット率：データがキャッシュメモリに存在する確率
- メモリインタリーブ：メモリアクセスの高速化技法。バンクとよばれる単独で動作できるメモリアクセス機構を複数設置することで、メモリのアドレスをバンクにまたがって連続的に割り当てられるようにする。
- ガーベジコレクション：主記憶装置上の領域において動的な割り当てと解放を繰り返すと、利用できないほど小さな未使用断片領域が生じる。これを利用できる大きさにまとめる処理のこと。コンパクション、メモリコンパクションともよばれる。
- ディスクキャッシュ：主記憶装置と補助記憶装置との速度差を埋めるために、両者の中間に置かれるメモリのこと。

④ 補助記憶装置
- 磁気ディスク装置
  1) **HDD（ハードディスクドライブ）**
     磁性体を塗布した複数枚の硬い円盤から構成される、高速で大容量な補助記憶媒体

経営情報システム

● その他の補助記憶媒体と装置

名称	内容
SDカード、メモリスティック、USBメモリ	記憶媒体としてフラッシュメモリを用いた記憶装置。小型化が進んでいることが特徴であり、パソコンや携帯電話、デジタルカメラなどに用いられている。
フラッシュメモリドライブ（SSD：Solid State Drive)	記憶媒体としてフラッシュメモリを用いるドライブ装置。SSDはデータの読み書きがHDDに比べ高速化されている。またモーターを使ってディスクを回転させる必要がなく、消費電力も大幅に少ない。耐衝撃性もHDDに比べ高いといわれている。通常のHDDと同様の利用ができ、OSのインストールも可能である。
BD-ROM (Blu-ray Disc-Read Only Memory) DVD-ROM (Digital Versatile Disc-Read Only Memory)	再生専用のディスクである。ROM（Read Only Memory）の名称からもわかるように「読み取り専用」である。データの書き込みや書き換えはできない。BD-ROMやDVD-ROMは、市販する映画やゲームソフトなどの収録などに使われている。BD-ROMのデータ容量は、25GB（片面1層）である。DVD-ROMのデータ容量は、4.7GB（片面1層）である。
DVD-RAM (Digital Versatile Disc-Random Access Memory)	繰り返しデータの書き換えができるディスクである。データの書き込み・書き換えにはDVD-RAM対応ドライブが必要である。DVD-RAMドライブは、DVD-ROMも再生できる。
BD-R (Blu-ray Disc-Recordable) DVD-R (Digital Versatile Disc-Recordable)	ブルーレイディスクとDVDディスクの規格である。ユーザが購入した時点では、ディスクにはデータは記録されておらず、ユーザは1度だけ書き込みが可能であるが、1度記憶したデータは書き換えることはできない。BD-Rのデータ容量は、25GB（片面1層）である。DVD-Rのデータ容量は、4.7GB（片面1層）である。

BD-RE (Blu-ray Disc-REwritable) DVD-RW (Digital Versatile Disc-ReWritable)	ブルーレイディスクとDVDディスクの規格である。ユーザが購入した時点では、ディスクにはデータは記録されていない。ユーザはデータの書き込みとデータの書き換えができる。記録したデータを削除して、再度書き込みができる点が、BD-RやDVD-Rと異なる。BD-REのデータ容量は、25GB（片面1層）である。DVD-RWのデータ容量は、4.7GB（片面1層）である。
NAS（Network Attached Storage)	ネットワークに直接接続して使用するファイルサーバ専用機。ハードディスクとネットワークインタフェース、OS などを一体化した単機能サーバであり、記憶装置をネットワークに直接接続したように見えることからこのようによばれる。
SAN（Storage Area Network)	記憶装置専用のネットワークを構築し、複数のコンピュータと複数の記憶装置（ストレージ）とを高速に接続する集約方式。SAN を導入することにより、複数のサーバで記憶装置を共有し、それぞれのサーバに必要な容量を割り当てるような仕組みを構築できる。SAN の形態にはいくつかの種類があるが、現在は複数のサーバと記憶装置を「SAN スイッチ」とよばれる機器につなぐ構成が一般的である。

⑤　仮想記憶装置

　補助記憶装置を利用することで、実装されている主記憶の容量を超える空間を作り出す方式のこと
- 補助記憶装置上に仮想的な主記憶領域を設定する。
- 主記憶の容量が少ないとスワッピングが多発する。
- 上記により処理効率が低下することをスラッシングという。

■インタフェース：装置と装置、あるいは装置とユーザの間をつなぐ仕組み

①　シリアル伝送とパラレル伝送
- シリアル伝送（直列伝送）：1本のデータ信号線を通して、1ビットずつ伝送する方式

経営情報システム

- パラレル伝送（並列伝送）：複数のデータ信号線を通して、同時に複数のビットを伝送する方式
② シリアル伝送とパラレル伝送の処理速度の違い
　　一般的には、複数ビットを並行に転送できるパラレル伝送の方が同時に複数のビットを転送できるので効率は良いが、転送速度を高速化したり距離が長くなると、各データ線のタイミングをとるのが難しくなる。よって、現在は、シリアル伝送での高速化が図られている。
③ 周辺機器とのインタフェース
- シリアルインタフェース

名称	特徴
USB（Universal Serial Bus）	ハブを介し、周辺機器を最大127台まで接続可能。
IEEE1394	米国電気電子技術者協会（IEEE）によって標準化された規格。デジタルビデオカメラ接続の標準であり、最大63台まで接続可能である。
シリアルATA（SATA）	パラレルATAをシリアル伝送化して高速化した規格。内蔵ハードディスクなどを接続する用途で用いられ、1インタフェースの最大同時接続数は1つである。2009年5月に発表されたシリアルATA3（Serial ATA/600、SATA600）は物理転送速度が6Gbps（実効転送速度600MB/s）であるなど、非常に高速な規格が登場している。
e-SATA（external Serial ATA）	シリアルATAの発展版であり、外付けハードディスクを接続する規格。転送方式や転送速度などはシリアルATAに準拠しており、高速なデータ通信を可能にする。
mSATA（mini SATA）	ケーブルを使わずにPCへ取り付けられるシリアルATAコネクタの規格。通常のシリアルATAよりも小型で、ノートパソコンなどに用いられることが多い。端子の形状はMini PCI Expressスロットと同様だが信号線の内容は異なるため互換性はない。

NVMe (Non Volatile Memory express)	SSDを接続するための規格。主に内蔵ハードディスクを接続する用途で用いられるシリアルATAよりも転送速度が速く、高速な処理が可能なSSDの性能を引き出すことができる。
DVI (Digital Visual Interface)	液晶ディスプレイなどの表示装置を接続するためのもので、デジタル伝送によって信号を伝えることができる。
HDMI (High-Definition Multi-media Interface)	DVI の発展版であり、パソコンとディスプレイを接続する規格。主に家電や AV 機器にて用いられており、デジタル映像や音声の入出力を行う。
DisplayPort	液晶ディスプレイなどのデジタル・ディスプレイ装置のために設計された映像出力インタフェースの規格。映像信号と音声信号を一本のケーブルで伝送することができる。複数のディスプレイをデイジーチェーン接続し、今までよりも簡単にマルチディスプレイ環境を構築することができるといった利点がある。

● パラレルインタフェース

名称	特徴
SCSI (Small Computer System Interface)	米国規格協会（ANSI）によって規格化。最大７台または15台までの接続が可能であり、ハードディスクなど比較的高速な機器の接続に利用される。なお、SCSI-3は、SCSI-2をさらに高速化・改良しシリアル伝送も行うインタフェースである。
セントロニクス (IEEE1284)	主にプリンタ接続用である。1994年に制定された古い規格であり、最近のパソコンではプリンタ用のインタフェースとしてUSBケーブルなどが採用されており、ほとんど見られない。
パラレルATA (IDE：Integrated Drive Electronics)	内蔵ハードディスクなどを接続し、１インタフェースの最大同時接続数は２つである。

経営情報システム

④ ホットプラグとプラグアンドプレイ

名称	特徴
ホットプラグ	電源を切らずに接続の抜き差しができる機能である。
プラグアンドプレイ	OSがデバイスを自動的に検知して、最適な設定を行う機能である。

❷▶ソフトウェア
■ソフトウェアの体系

大分類	小分類	備考
システムソフトウェア	基本ソフトウェア（広義のOS）	・制御プログラム（狭義のOS） ・言語プロセッサ ・サービスプログラム（ユーティリティ）
	ミドルウェア	・DBMS　・CASE　・EAI ・運用管理ツール　など
応用ソフトウェア	共通応用ソフトウェア	・表計算／文書作成 ・CAD　など
	個別応用ソフトウェア	・各種業務固有のアプリケーション　など

65

■システムソフトウェア

① OSの機能

名称	特徴
ジョブ管理	ジョブの実行順序を監視・制御する。 ※ジョブとは、ユーザから見たコンピュータの実行単位
タスク（プロセス）管理	タスクにCPUや主記憶装置などの資源をいかに割り当てるかを管理する。タスク管理により、マルチ（多重）プログラミングを実現する。 ※タスクとは、ジョブを細分化したコンピュータ内部での処理単位
入出力管理	入出力装置であるキーボードやプリンタなどを管理する。入出力制御機能は、デバイスドライバなどにより制御され、入出力制御機能の高速化としてスプーリングがある。
記憶管理	主記憶へのプログラムの割付や仮想記憶方式による記憶容量の提供を制御する。
ユーザ管理	コンピュータ上でマルチユーザを実現するための仕組み。複数のユーザアカウントを作成し、そのアカウントごとにユーザ名およびパスワードを割り当てることで、コンピュータ内の資源をユーザごとに管理することが可能になる。
データ管理	データをファイルとして管理を行う。データを格納するファイルの形式やアクセス手段、データ競合時の排他制御、障害時の復旧（リカバリ）などを行う。
運用管理	システムの稼働状況の記録（システムモニタリング）など運用管理業務を支援する機能の提供を行う。
障害管理	障害の検出や回復、障害状況の記録（ログファイル、ダンプファイルの出力など）、バックアップなど障害に対応するための機能の提供を行う。

経営情報システム

通信管理	LANなどを用いたデータ通信の制御に関する機能の提供を行う。

※ **マルチタスク**：1台のコンピュータで同時に複数のアプリケーションを起動し、並列的に実行できること

※ **マルチユーザ**：1台のコンピュータを複数のユーザで共有すること

※ **デバイスドライバ**：各種機器を制御する（動作させる）ためのソフトウェア

※ **スプーリング**：磁気ディスクなどの補助記憶装置を仮想的な入出力装置とみなして、CPUと入出力装置の間に介在させる技術

② **ミドルウェア**

OSと応用ソフトウェアの「中間的」な役割をもっているソフトウェア。応用ソフトウェアに対して、基本ソフトウェアにはない特定の分野で共通に使用する基本処理機能を提供する。

■**ファイル ➡ データのまとまり**

名称	特徴
マスタファイル	更新されることはあっても、廃棄されず継続的に利用され続けるファイル。
トランザクションファイル	逐次発生する取引データなどを記録するファイル。
テキストファイル	文字情報（文字コード）のみが格納されているファイル。テキストファイルには、固定長ファイル（データの区切りがなく、一定のパターンでデータが記述されたもの）と可変長ファイル（データの区切りやデータの桁数も可変であるもの）がある。
バイナリファイル	文字情報以外の情報（画像データのように "0"、"1" のビット列など）を格納するファイル。

※ 具体的なテキストファイル：
CSVファイル、HTMLファイル、XMLファイルなど

※　具体的なバイナリファイル：
　　ワープロソフト、表計算ソフトで作成したファイルなど

■データ形式

分類	名称	内容
静止画像データ	BMP	Windows で標準的に使用。色数は、フルカラー（約1,670万色、24ビット）に対応。
	TIFF	アプリケーションへの依存が少ない。可逆圧縮方式。
	GIF	絵やイラスト保存に利用。可逆圧縮方式。モノクロ2色から最大256色（8ビット）に対応。
	PNG	GIFの機能を拡張。ネットワーク経由での使用を想定した機能を強化。可逆圧縮方式。色数は、約280兆色（48ビット）に対応。
	JPEG	写真の保存に利用。非可逆圧縮方式。色数は、フルカラー（約1,670万色、24ビット）に対応。
動画像データ	MPEG-1	ビデオやCDなどに利用される。
	MPEG-2	DVD、デジタル放送などに利用される。
	MPEG-4	MPEG-2の2倍以上の圧縮率を実現し、携帯電話向けの通信などで利用され、低速通信から高速通信まで幅広い用途に対応している。
	MPEG-7	動画の圧縮仕様を定めたものではなく、XMLにてマルチメディアデータに情報を付加するための記述方式である。
音声データ	WAVE	主に Windows で利用される。
	WMA	Microsoft が開発した圧縮方式。非可逆圧縮方式。
	MP3	MPEG1のオーディオ規格として開発。非可逆圧縮方式。
	MIDI	電子楽器の演奏データを機器間でデジタル転送するための世界共通規格。入出力インタフェース、通信プロトコル、データ形式など、複数の規定からなる。

経営情報システム

■**文字コード**
① ASCII（アスキー）：ANSI（米国規格協会）で規格化され、英数字などを扱う7ビットの文字コード
② JISコード：英数字などを扱う7ビットの文字コードや、英数字およびカタカナ、漢字などを扱う16ビットの文字コードがある
③ Unicode（ユニコード）：すべての文字（世界中の文字）を、16ビット（2バイト）で表す文字コード
④ EUC：ASCIIをもとにしていて、UNIXで日本語が扱えるように拡張した文字コード

❸▶データベース

■**データベースの全体像**
　データベースを作成すると、データを一元管理することができ、さまざまな目的に応じてデータを自由に利用することができる。

■**データベースの種類**
① **リレーショナルデータベース（RDB）**
　レコード間の関係を、行と列の表形式で表現する。
② **階層型データベース**
　レコード間の相互関係をポインタを用いて木構造（親子構造）で表現する。
　親と子の関係は、1：n。
③ **ネットワーク型データベース**
　レコード間の関係を木構造（親子構造）で表現する。

69

親と子の関係は、n：n。

④ **キーバリューデータベース**

　データを識別するためのキーとデータの値をペアにして多様なデータを格納・管理するデータベース。

⑤ **カラムナー（列指向）データベース**

　データベース管理システム（DBMS）の内部構造において、列のデータをひとまとまりにして取り出すときに効率的であるように設計されたデータベース。

⑥ **インメモリデータベース**

　データを全てメインメモリ（主記憶）上に格納する方式で構築されたデータベース。

⑦ **リポジトリ**

　ソースコードやディレクトリ構造などのメタデータ（本体であるデータに関する付帯情報が記載されたデータ）を格納するデータベース。

⑧ **NoSQLデータベース**

　大量かつ多様な形式のデータを高速に操作・分析することを可能とする、非リレーショナルな分散データベース。

■DBMS

① DBMSとは
- データベース管理専用ソフトウェア
- 他のプログラム、アプリケーションソフトウェアからデータベースを独立させる
- アプリケーションの生産性、性能、資源の利用効率の向上を可能とする

経営情報システム

② DBMSの機能

機能	内容
データベース定義	各種データベースの枠組みを規定する（3層スキーマ）。
データベース操作	データの検索、登録、変更、削除などの各種操作を行う（関係演算／SQL）。
データベース制御	データの整合性確保（同時実行制御）や障害回復（ロールフォワード／ロールバック）などを行う。

■データベース定義（3層スキーマ）

名称	内容
外部スキーマ	特定の利用者やアプリケーションソフトウェアで利用する観点から表現されるデータ構造である。
概念スキーマ	データベース化したいデータを、DBMSのデータモデルに従って記述したものである。基本的には論理データモデルそのものである。
内部スキーマ	データの物理的な格納方式を定義したものであり、ファイル名や格納位置、領域サイズなどを指定する。

■データベース操作

① 射影：対象となる表から指定された「列」のみを出力する。
② 選択：対象となる表から指定された条件を満たす「行」のみを出力する。
③ 結合：複数の表に含まれる共通の「列」の内容によって表を結びつける。

■データベース制御

① 同時実行制御

名称	内容
ロック方式 (排他制御)	トランザクション実行時に処理対象のデータにロックをかけ、他のトランザクションがアクセスできないよう制御する方式。最初にロックをかけたトランザクションが終了した後、次のトランザクションが実行可能となる。
時刻印アルゴリズム	アクセスされた最新日時(最終更新時刻)を記録する時刻印を各データにて保持し、複数トランザクションでそれを監視しながら更新可否を制御する方式。トランザクションの開始時に対象データの時刻印を取得し、トランザクション内の処理を進める。更新などの処理の直前に時刻印を再取得し、開始時に取得した時刻印と比較して異なっていたら処理を棄却して再実行する。

② バックアップ

- **フルバックアップ**：ファイル全体をコピーする
- **差分バックアップ**：
  直前のフルバックアップとの差分をバックアップする。
- **増分バックアップ**：
  直前の増分バックアップとの差分をバックアップする。

③ ロールフォワードとロールバック

- **ロールフォワード(前進復帰)**
  バックアップファイルで、データベースを前回のバックアップ時点の状態に復旧する。
  ログファイルの更新後情報を用いて、バックアップ後のトランザクションによって更新された分を更新する。

- **ロールバック(後退復帰)**
  障害の発生時点で処理中だったトランザクションによる更新を、ログファイルの更新前情報を使って取り消し、データベースを処理前の状態に戻す。

経営情報システム

■SQL（Structured Query Language）

関係データベースの作成、操作のための標準的な言語

① データベース言語の種類
- DDL：CREATE（生成）、ALTER（変更）、DROP（削除）など
- DML：SELECT（検索）、UPDATE（変更）、INSERT（登録）、DELETE（削除）など

② SELECT文
- SELECT の基本書式

  SELECT ＜列名＞ ←抽出する列を指定する（複数の列がある場合は「,（カンマ）」で区切る）。

  FROM ＜表名＞ ←問合せ対象の表を指定する（複数の表がある場合は「,（カンマ）」で区切る）。

  WHERE ＜条件式＞ ←検索条件を指定する

③ グループ化
- GROUP BY

  表の各行は、GROUP BY句を指定することによりグループ化することができる。

  GROUP BY ＜列名＞,＜列名＞,・・・・

- HAVING

  条件式を満たすグループのみを抽出。WHERE句が行を対象にしているのに対して、HAVING句はグループを対象にしている。

④ データの並びかえ
- ORDER BY

  表を任意の列の降順または昇順に整列することができる。

  ORDER BY＜列名＞［ASC¦DESC］

  ASCは昇順、DESCは降順を表し、省略した場合はASCが指定されたものとみなされる。

⑤ 結果の結合
- UNION

  複数のSQL文の結果を結合して１つの結果（表）にするには、UNION句を用いる。

■正規化

① 正規化の意義

データベースの正規化とは、関連の強いデータのみを1つのテーブル（表）にまとめ、データの独立性を高めることである。

② 正規化の種類

名称	内容
第1正規化	非正規形の表に現れる繰り返し項目を分離して、独立した行にすること。
第2正規化	主キーの一部だけから特定できる項目を別の表にすること。
第3正規化	主キー以外の項目で特定できる項目を別の表にすること。

※ 主キーは、その項目を選び出すとその行（横全部）が一意に決まる列のこと。主キーには、一意性制約およびNOT NULL制約が課せられる。

※ 外部キーは、他の表を参照する列のこと。外部キーには、参照制約が課せられる。

③ 正規化の問題点

第3正規形まで正規化することによって、冗長性のないデータ項目のグループが作れるが、処理効率を考えると必ずしも良いとはいえない場合もある。

■データベースに関するその他の用語

名称	内容
データウェアハウス	企業のさまざまな活動を介して得られた大量のデータを目的別に整理・統合して蓄積し、意思決定支援などに利用するために、基幹業務用のデータベースとは別に作成するデータベースシステム環境のこと。
データマート	利用目的を限定し、利用ユーザを限定した使い方をするもので、データウェアハウスから必要なデータのみ抽出して構築する。

経営情報システム

オペレーショナル データストア	基幹系システムのデータ（オペレーショナルデータ）を、検索など別の目的で利用するためにそこから抽出し、一時的にデータを保持するデータベースのこと。
OLAP	蓄積されたデータの分析を**スライシング**、**ダイシング**、**ドリルダウン**などのインタラクティブな操作によって多次元分析を行い、意思決定に利用できるように素早くレスポンスを返す手法および分析ツールのこと。
データクレンジング	多様な形式で蓄積されている生データに対して、データ形式統一、欠損値補完、単位統一などの処理を行い、横断的な解析ができるようにデータを整えること。
データマイニング	大量のデータを分析して、これまで知らなかった規則性や傾向など、何らかの知見を得ること。
データマッピング	異なるシステム間において、同じ内容を示している項目同士を関連付けたり、割り当てたりするルールや処理のこと。
データマイグレーション	異なる種類のストレージ、フォーマット、コンピュータなどの間でデータを伝送すること。
データレイク	組織内の構造化されたデータや、IoT機器やSNSなどからの構造化されていない（非構造化）データをそのままの形式で格納する一元化されたリポジトリ（データやプログラムの情報が納められたデータベース）のこと。
データスワンプ	どこにどのようなデータがあるかわからず、欲しいデータを捉えることができない状態のこと。

❹ ▶ ネットワーク ・・・・・・・・・・・・・・・・・・・・・・・・・・・・・・・・・・・・・・・

■コンピュータネットワークの種類

① **LAN（Local Area Network）**

　企業のビル内や工場、あるいは大学のキャンパスなど、限られた範囲内でコンピュータや関連機器を接続したネットワーク。

② **WAN（Wide Area Network）**
　　本社や支社など、地域的に離れたLAN同士を接続したネットワーク。通信事業者が設置・運用する回線網を指すことが多い。
③　VAN（Value-Added Network）
　　データ通信サービスにさまざまな種類のデータ処理機能を付加して提供するもの。付加価値通信網ともよばれる。

■LANのトポロジ

①　スター型：LANを接続する装置を中心として、これに複数のコンピュータを放射線状に接続した形態。
②　リング型：すべての端末を環状の１本のケーブルに接続する方式。

■LANの接続媒体

①　より対線（ツイストペアケーブル）：
　　２本の銅線をより合わせたケーブル
②　同軸ケーブル：中央に１本の銅線　➡　その周りを絶縁体で被う
　　➡　その外に細い銅線の網　➡　一番外はビニールで包まれている
③　光ファイバ：ガラスまたはプラスティックの線

■LANのアクセス制御方式

名称	内容
CSMA/CD 方式	データの衝突（コリジョン）を監視し、衝突が起きた場合には再送信するアクセス制御方式のこと。
トークンパッシング方式	データの衝突を避けるため、トークンとよばれる特定の送信許可証をネットワーク内で巡回させ、このトークンを得た端末のみがデータを送信できるアクセス制御方式のこと。

経営情報システム

■イーサネット（Ethernet）
- 現在のLANの主流
- 通信速度：１Gbpsなど
- アクセス制御方式：**CSMA/CD方式**
- トポロジー：主にスター型

■LANの接続機器

名称	内容
LANカード	LANに接続するために、コンピュータへ設定する機器。LAN内で端末を一意に識別する**MACアドレス**が付与されている。
リピータ／リピータハブ	LANの伝送路の長さを伸ばすための機器。物理層に対応する。
ブリッジ／スイッチングハブ	LAN内のデータを中継するための機器。データリンク層に対応する。
ルータ	LANとインターネットなど異なるネットワークを接続するための機器。ネットワーク層に対応する。
ゲートウェイ	OSI基本参照モデルにおける全階層のプロトコルが異なるネットワークを接続するための機器。

■無線LAN

① 無線LANの概要
- 無線LANのメリット：端末の移動が容易
　　　　　　　　　　　　設置が容易・迅速
　　　　　　　　　　　　ケーブルスペースが不要
- 無線LANのデメリット：通信が不安定
　　　　　　　　　　　　　セキュリティ対策が必要

② 無線LANの通信規格
　● IEEE802.11シリーズ

	IEEE802.11b	IEEE802.11g	IEEE802.11n	IEEE802.11ac	IEEE802.11ax
伝送速度	最大11Mbps	最大54Mbps	最大600Mbps	最大6.9Gbps	最大9.6Gbps
無線周波数	2.4GHz帯		2.4／5GHz帯	5GHz帯	2.4／5GHz帯

　● IEEE802.11シリーズ以外

名称	特徴
Bluetooth	2.4GHz 帯域の電波を用いた無線通信規格であり、携帯情報端末、デジタル家電、携帯電話などの通信機器をワイヤレスに接続する。通信可能距離は10m 程度。機器間に障害物があっても問題なく通信を行える。IEEE802.15.1にて規格化されている。
IrDA	赤外線を用いた無線通信規格である。機器間に障害物があると通信に支障を来たす。
NFC（Near Field Communication）	2003年12月に ISO/IEC 18092として勧告された、近距離無線通信の国際標準の一つである。非接触 IC カードやスマートフォンなどで用いられている。通信距離は10cm 程度に限定され、かざすだけで簡単にデータ通信を行えることが特徴である。
Wireless USB	USBを拡張した無線通信規格である。大容量のデータ転送用途を想定している。

③ 無線LANの接続形態
　● アドホックモード：無線LANインタフェースを持つ端末だけで構成された接続形態
　● インフラストラクチャモード：アクセスポイントを介して各端末が通信する接続形態

経営情報システム

■WANの通信方式

① データの送受信方法による分類
- 回線交換方式
  通信相手までの物理的または論理的な伝送路を占有して通信を行う方式
- パケット交換方式
  データを小さな単位に分割して個別に送受信する方式

② 使用回線による分類
- 専用線
  通信事業者が提供する特定顧客専用の通信回線
- VPN（Virtual Private Network）
  専用線ではない不特定多数の利用者が存在するネットワークにおいて、暗号化技術や認証技術、トンネリング技術などのセキュリティ技術を用いて、仮想の専用線のように「閉じたネットワーク（Private Network）」を構築し、安全に通信を行う技術の総称

❺▶インターネットの概要

■インターネット接続サービス

① ブロードバンド通信サービス
- ADSL（Asymmetric Digital Subscriber Line）
  既存の電話回線を利用し、高速なデータ通信が可能なサービス
- FTTH（Fiber To The Home）
  光ファイバケーブルを各家庭に引き込むことで、高速なデータ通信が可能なサービス

② モバイル通信サービス
  モバイル通信である4G（4th Generation）、LTE（Long Term Evolution）、5G（5th Generation）、広範囲な高速通信網であるWiMAX（Worldwide Interoperability for Microwave Access）などがある

■インターネット接続の仕組み

① IPアドレス
- インターネットに接続するコンピュータごとに割り振られる、識別のための数値（番号）。現在インターネットで用いられているIPアドレスはIPv4とよばれ、**32ビット**で表現される。
  従来のIPv4のアドレス不足を解消するため、**128ビット**で表現されるIPv6が策定されている。

② IPアドレスの種類
- グローバルIPアドレス：インターネットにアクセスするための世界中で重複することのないIPアドレス
- プライベートIPアドレス：企業などが自由に割当てを行うことができ、世界中で重複する可能性のあるIPアドレス

③ IPアドレスの変換

名称	内容
NAT	1つのグローバルアドレスに対して1つのプライベートアドレスが割り当てられる。
NAPT (IPマスカレード)	1つのグローバルアドレスに対して複数のプライベートアドレスが割り当てられる。

④ **URL（Uniform Resource Locator）**：情報資源（文書や画像などのリソース）がインターネット上のどこにあるのかを示す記述形式

⑤ **DNS（Domain Name System）**：インターネット上のドメイン名とIPアドレスを対応させるプロトコル

⑥ **DHCP（Dynamic Host Configuration Protocol）**：インターネットやLANなどに接続するPCに対してIPアドレスを始めとして、ホスト名や経路情報、DNSサーバの情報など、通信に必要な設定情報を自動的に割り当てるプロトコル

経営情報システム

■OSI基本参照モデル

ISO（国際標準化機構）によって策定された通信の規約（プロトコル）を実現するためのネットワーク構造の設計方針OSIに基づいて、コンピュータの持つべき通信機能を階層構造に分割したモデル、通信機能を7階層（レイヤ）に階層化

① OSI基本参照モデルの7階層

	層名	内容
第7層	アプリケーション層	具体的にどのようなサービスを提供するのか
第6層	プレゼンテーション層	データはどのような形式にするのか
第5層	セッション層	通信の開始から終了までをどのように管理するのか
第4層	トランスポート層	通信の信頼性はどのように確保するか
第3層	ネットワーク層	ネットワーク（LAN）とネットワーク（LAN）をどのように中継するか
第2層	データリンク層	同一ネットワーク（LAN）内でどのように通信するか
第1層	物理層	物理的にどのようにつなぐか

■TCP/IP（Transmission Control Protocol/Internet Protocol）

層	OSI 基本参照モデル	TCP/IP プロトコル
7	アプリケーション	アプリケーション
6	プレゼンテーション	
5	セッション	
4	トランスポート	トランスポート
3	ネットワーク	インターネット
2	データリンク	ネットワークインタフェース
1	物理層	

インターネットで標準的に使われるプロトコル体系で、4階層で構成されるプロトコル群

81

① 各層の役割
- ネットワークインタフェース層
  隣接する通信機器間で正しくデータ伝送するための伝送制御プロトコルや、ネットワーク媒体の物理的特性に対応するインタフェース仕様が規定されている
- インターネット層
  ルータで区切られた複数のネットワークを経由し、宛先ホストまでIPパケットを届けるために必要なプロトコルが規定されている
- トランスポート層
  インターネット層以下のサービスを利用して、アプリケーション間のデータ転送を制御するプロトコルが規定されている
- アプリケーション層
  Webサービス、電子メールサービス、リモートログイン、ファイル転送などに関するさまざまなアプリケーションプロトコルが規定されている

② ポート番号
TCPかUDP通信において通信相手のアプリケーションを識別するために利用される番号

③ ネットワークインタフェース層のプロトコル

名称	内容
イーサネット	LANの規格であり、媒体アクセス制御方式としてCSMA/CD方式を採用するプロトコル。
PPP	ダイヤルアップIP接続やADSLなどで2つのネットワークを接続するために利用されるプロトコル。

④ インターネット層のプロトコル

名称	内容
IP	ネットワークに接続している機器のアドレッシングや、IPアドレスに基づいて、ネットワーク内での最適な通信経路の選定（ルーティング）をするプロトコル。
ICMP	IPのエラーメッセージや制御メッセージを転送するプロトコル。

ARP	IPアドレスからMACアドレスを取得するためのプロトコル。ARPリクエストパケットをブロードキャスト（不特定多数の相手に向かってデータを送信すること）して、同一ネットワーク内の機器からARPリクエストパケットを受信し、宛先MACアドレスを取得する。

⑤　トランスポート層のプロトコル

名称	内容
TCP	TCPコネクションを確立し、転送を効率的にかつ正しく行うことを保証するコネクション型のプロトコル。
UDP	アプリケーション間でコネクション（セッション）を確立せずにデータ転送するコネクションレス型のプロトコル。

⑥　アプリケーション層のプロトコル

名称	内容
HTTP	WebブラウザとWebサーバ間で、ハイパーテキストを送受信するために使用されるプロトコル。
FTP	ファイルを転送するときに使われるプロトコル。
NTP	ネットワークに接続されている機器の内部時計を協定世界時に同期するために用いられる通信プロトコル。

⑦　電子メール関連のプロトコル

名称	内容
SMTP	サーバ間でメールのやりとりをしたり、クライアントがサーバにメールを送信する際に用いるプロトコル。
POP3	サーバからメールを受信するためのプロトコル。
IMAP	サーバからメールを受信するためのプロトコル。POP3と異なり、タイトルや発信者を見て受信するかどうかを決めることができる。

MIME	電子メールの拡張規格であり、添付ファイルや各国言語を扱うことができる。 ※本来、電子メールが送受信できるのは7ビットASCIIコードの文字のみ。
S/MIME	MIMEの仕組みを利用して電子メールに暗号化と署名の機能を与えるプロトコル。

■インターネットで利用される技術

用語	内容
Cookie（クッキー）	Webサーバに対するアクセスがどの端末からのものであるかを識別するために、Webサーバの指示によってコンピュータ（クライアント側）にユーザ情報などを保存する仕組みである。
Ajax（Asynchronous JavaScript + XML）	JavaScriptの非同期通信を利用して、WebブラウザとWebサーバとの間で通信を行い、XML形式のデータをWebサーバとやり取りすることで、画面の一部を動的に再描写する仕組みである。

❻▶セキュリティ対策 ·······························

■セキュリティ対策の全体像
① セキュリティの3大対策

	内容	具体的な技術
暗号化	情報を第三者が盗み見た場合にもその内容を解読できないよう、データを加工すること。	共通鍵暗号方式 公開鍵暗号方式 SSL

経営情報システム

	① ユーザ認証 システムの利用者が正当な本人であることを確認すること。 ② サーバ認証 通信先のサーバが正当な運営者であることを確認すること。 ③ メッセージ認証 データ内容の真正性を確認すること。	① ユーザ認証 　ワンタイムパスワード 　シングルサインオン ② サーバ認証 　電子署名 　SSL ③ メッセージ認証 　電子署名
認証		
アクセスコントロール	許可された利用者のみが情報にアクセスできるよう制御すること。	ファイアウォール IDS

② 情報セキュリティの3要素（ISO/IEC27002）

	内容
機密性 (Confidentiality)	許可された利用者のみが情報にアクセスできること。
完全性 (Integrity)	情報の正確さや完全さを確保・維持すること。
可用性 (Availability)	必要な時に確実に情報にアクセスできること。

③ 情報セキュリティの拡張要素（ISO/IEC JTC 1/SC27）

	内容
真正性 (Authenticity)	ユーザやシステムによる動作が意図どおりであること。なりすましや偽りの情報でないことが証明できること。
責任追跡性 (Accountability)	システムを介したユーザやサービスの動作が一意に追跡できることを保証すること。
否認防止 (Non-repudiation)	ある活動や事象について、その発生を後から否認されないように証明すること。
信頼性 (Reliability)	システムやプロセスが矛盾なく動作すること。一貫して動作すること。

■暗号化

暗号方式	特徴
共通鍵暗号方式	・暗号化と復号化に同一の鍵を用いる。 ・公開鍵暗号方式に比べ、暗号化や復号化に要する処理時間が短い。 ・DESが代表的なアルゴリズムである。
公開鍵暗号方式	・暗号化と復号化に異なる鍵を用いる。片方の鍵は公開することが可能である。 ・共通鍵暗号方式に比べ、暗号化や復号化に要する処理時間が長い。 ・RSAが代表的なアルゴリズムである。
セッション鍵暗号方式 (ハイブリッド方式)	・共通鍵暗号方式と公開鍵暗号方式を組み合わせた暗号方式。 ・送信するデータ自体の暗号化を共通鍵暗号方式で行う。 ・データの暗号化に用いる共通鍵を公開鍵暗号方式で暗号化して事前に共有する。

■認証

① ユーザ認証

● ワンタイムパスワード：
  1回限りの使い捨てパスワードを動的に生成し、そのパスワードおよびIDを用いて利用者の正当性を判断する技術

● シングルサインオン：
  ユーザが一度認証を受けるだけで、アクセスを許可されているすべての機能を利用できるようになる仕組み

● バイオメトリクス（生体認証）：
  認証にその人特有の身体的特徴を用いるもの

● チャレンジレスポンス方式：
  認証サーバが生成したチャレンジコードをクライアント側で加工してレスポンスコードを生成し、このレスポンスコードを認証サーバに送信して検証する認証方式

経営情報システム

- **二要素認証**
  認証の三要素である、知識要素、所有要素、生体要素の中から、異なる2つの要素を組み合わせて行う認証
- **二段階認証**
  2つの段階を経て認証を行う仕組み
- リスクベース認証
  ログインを必要とするシステムにおいて、利用者のアクセスログなどから行動パターンや端末のOS、IPアドレス、ブラウザの種類などの情報をもとに追加の質問を行い、確実な本人認証を行う方式

② サーバ認証

- **SSL（Secure Socket Layer）：**
  共通鍵暗号方式、公開鍵暗号方式、デジタル署名などのセキュリティ技術を組み合わせたプロトコル

プロトコル	内容
HTTPS	HTTP over SSL
FTPS	FTP over SSL
POP3S	POP3 over SSL
IMAPS	IMAP over SSL
SMTPS	SMTP over SSL

- EV SSL（Extended Validation SSL）：
  中間者攻撃（盗聴、改変、なりすまし等）を回避するため、通信相手の認証機能を厳格化した仕組み

③ メッセージ認証

- **電子署名（デジタル署名）：**
  「相手の正当性」と「情報の改ざんの有無」を確認するための認証技術

■**アクセスコントロール**

① **ファイアウォール**
  組織内部のLANとその外部に広がるインターネットとの間に、外部からの不正アクセスを防ぐ目的で設置されるルータやコンピュータ

またはその仕組み。

名称	内容
パケットフィルタリング機能	パケットの宛先など調べて、通過させてよいパケットは通過させ、通過させてはいけないパケットは通過させない機能。
プロキシサーバの機能	インターネットとのやりとりを仲介する機能であり、アプリケーションゲートウェイともよばれる。プロキシサーバを導入することにより、次の3つの効果を得ることができる。 ① 内部ネットワークのセキュリティ向上 　企業内のクライアントPCがインターネットにアクセスする際、プロキシサーバが通信の代理を行うことで、内部ネットワークを隠蔽することが可能になる。 ② アクセスの高速化 　プロキシサーバには、一度アクセスしたWebページの情報などを保存しておくキャッシュ機能が備わっている。同一の資源にアクセスをする場合、インターネット上のサーバからではなく、プロキシサーバ上のキャッシュから情報を取得するため、アクセスが高速化される。 ③ 統制力の強化 　プロキシサーバには、URLリストとの照合によって不適切なWebサイトへのアクセスをブロックするURLフィルタリング機能が備わっている。閲覧を禁止したいWebサイトのURLを事前に登録しておくことにより、業務中のPCの私的利用を防ぎ、組織としての統制力を強化することができる。

② **DMZ（DeMilitarized Zone：非武装地帯）**
- 外部ネットワークと社内ネットワークの中間に置かれる区域
- Webサーバ、メールサーバなどインターネットに公開しなければならないサーバを設置する
  - ➡ 公開するサーバが攻撃にあった場合でも、内部ネットワークに被害が及ばないようにする

経営情報システム

③ IDS（Intrusion Detection System）
　不正アクセスを監視する侵入検知システム
　IDS はその監視方法によって、ネットワーク型の IDS とホスト型の IDS に分類される。

種類	内容
ネットワーク型	ネットワーク中（回線上）を流れるパケットを監視し、不正アクセスを検出する。専用機を用いるのが一般的である。
ホスト型	保護したいコンピュータそれぞれにIDS用のソフトウェアをインストールする方法である。IDSソフトウェアは、各コンピュータのアクセスログの内容やファイルの変更有無などを監視する。

■無線LANのセキュリティ対策

① SSID：アクセスポイントを識別するためのID
② MACアドレスフィルタリング：
　無線LAN端末のMACアドレスをアクセスポイントに事前登録し、許可されたMACアドレスをもつ端末以外は接続できないようにする技術
③ WEP：無線LAN規格（IEEE802.11）で規格化されている暗号化方式の1つ
④ WPA：WEPのセキュリティ上の問題点を解消した規格。一定時間ごとに暗号化鍵を自動的に更新し、通信データの改ざんを検知するTKIP（Temporal Key Integrity）という暗号化方式の採用が義務化されている
⑤ WPA2：WPAの後継規格。暗号化方式CCMPの採用が義務化され、より強力なアルゴリズムであるAESで暗号化を行う
⑥ WPA3：WPA2で発見された脆弱性を解消するために、2018年に発表された無線LANの暗号化技術

❼▶システム構成技術·······································

■システムの処理形態

① 処理タイミングによる分類

● **バッチ処理**

　　一定期間（もしくは一定量）データを集め、一括処理する方式。給与計算、請求処理、試験の結果集計などに向く。

● **リアルタイム処理**

　　処理をためずに、処理要求が発生したらすぐに処理する方式。座席予約、ATM、荷物追跡などの処理に向く。リアルタイム処理のうち、トランザクション単位で各端末からの要求を順次処理していく方式を OLTP（On-Line Transaction Processing）という

② 処理分担による分類

● **集中処理**

　　ホストが集中して処理を担い、ホストが停止するとすべての処理が停止する

● **分散処理**

　　ネットワーク接続された複数のコンピュータで処理を分散して実行する方式

	集中処理	分散処理
システム開発	大規模になる	個々は小規模である
レスポンスタイム	速い	比較的遅い
データの一貫性	保ちやすい	矛盾を回避する手段が必要
システムの信頼性	故障がシステム全体に影響する	故障の影響が局所的
システムの柔軟性	システム移行が大がかりになる	部分的なシステム移行が可能
システム管理	一元管理できる	管理業務が分散する

● **クライアントサーバシステム（CSS）**

　　1）サービスを要求し提供を受ける側（クライアント）とサービスを提供する側（サーバ）という役割で分担

経営情報システム

2）サーバの種類：プリントサーバ、データベースサーバ、ネットワークサーバなど

■クライアントサーバシステムの構成技術

① 2層アーキテクチャ
- アプリケーションソフトウェアがもつ機能をデータベース層／ファンクション層／プレゼンテーション層の3つに分割し、サーバ側にデータベース層を、クライアント側にファンクション層およびプレゼンテーション層の役割をもたせ、2層構造で連携処理するシステム
- クライアントに高性能なPCを要求し、クライアント数が多い場合にはコスト高となる（**ファットクライアント**）
- サーバのプログラムに変更がある場合、すべてのクライアントPCに搭載されているファンクション層のプログラムを変更する必要があり、保守作業の負担が大きい

② **3層アーキテクチャ**
- データベース層をデータベースサーバに、ファンクション層をアプリケーションサーバに、プレゼンテーション層をクライアントにそれぞれ役割分担させ、3層構造で連携処理を行うシステム
- クライアントPCは比較的低性能でよく、クライアント数が多い場合にも低コストが実現する（**シンクライアント**）
- サーバ上のデータベース構造やデータ加工ロジックを変更してもクライアント側のプログラムに与える影響が小さく、保守性が高い

■Webアプリケーションの構成技術

① **SOA（Service Oriented Architecture）**

システムの単位（受注システムなど）をサービスという概念でとらえ構築する設計手法。サービスとは、外部から一定の手順によって呼び出すことができるシステムの集合であり、サービス同士を結びつけることで処理の相互利用を可能とする。

SOAを実現する具体的な技術基盤の標準として、Webサービスがある。

② **Webサービス**

Webサーバ間でWebアプリケーションを連携したもの

名称	内容
SOAP	Webアプリケーションの連携に必要なXML ドキュメントの交換を行うためのプロトコルのこと
WSDL	プログラムからWebサービスを呼び出すインタフェースを記述するための仕様のこと

③ **マイクロサービスアーキテクチャ**

小規模かつ軽量で互いに独立した複数のサービスを組み合わせて、システムを実現するという開発コンセプトである。

■**システムの評価**

① 性能評価

● **スループット**

コンピュータシステムによって単位時間あたりに処理できる処理件数のこと

● **レスポンスタイム（応答時間）**

コンピュータシステムに対して、端末からある処理の要求を出し終えた時点から、その応答が始まるまでの時間のこと

● **ターンアラウンドタイム**

コンピュータシステムに処理、要求を送ってから結果の出力が終了するまでの時間のこと

② 性能を高める技術

● **スケールアウト**

システムを構成するサーバの台数を増やすことでシステム全体の処理能力を高めること

● **スケールアップ**

サーバの台数を増やすことなく、CPU・主記憶装置・補助記憶装置を高性能なものにするなど、システムを構成するサーバを高性能なものに取り替えることでシステム全体の処理能力を高めること

経営情報システム

③ 信頼性評価
● RASIS
　「R」Reliability（信頼性）：どのくらい故障しないで稼働するか
　　平均故障間隔（MTBF）＝使用時間の和÷故障回数
　「A」Availability（可用性）：どのくらいシステムを利用できるか
　　稼働率＝MTBF÷（MTBF＋MTTR）
　「S」Serviceability（保守性）：故障した場合、どれくらい早く修
　　　　　　　　　　　　　　　　復できるか
　　平均修理時間（MTTR）＝修復時間の和÷故障回数
　「I」Integrity（完全性／保全性）：システムの正確さ、仕組みとし
　　　　　　　　　　　　　　　　　ての一貫性・完全性
　「S」Security（安全性）：システムのセキュリティ、安全性

■**障害対策の手法**
① 障害に対する考え方
● **フォールトトレランス**
　障害が発生した場合にも、運転を継続できるシステムを設計しよ
うとする設計概念
　1）**フェイルソフト**
　　故障や障害が発生した場合、システムの全面停止を避け、機能
　を低下させても運転を継続させること、またはその設計概念
　2）**フェイルセーフ**
　　故障や障害が発生した場合、故障や障害による被害が拡大しな
　い方向に制御すること、またはその設計概念
● **フォールトアボイダンス**
　故障が発生した時に対処するのではなく、品質管理などを通じて
システム構成要素の信頼性を高める設計概念

■障害対策の技術

① 代表的な障害対策技術

名称	内容
UPS	停電などのときに、一定時間電力の供給を行う装置。
ミラーリング	ハードディスクを2重化することで、ハードディスクの障害に備える技術。
デュプレキシング	ハードディスクおよびインタフェースを2重化することで、ハードディスクの障害に備える技術。
RAID	複数のディスク装置を用いて読み書きの高速化や障害に対する信頼性を高める技術。冗長構成の方法、データの記憶方法、パリティビット（冗長情報）の有無、記憶位置の違いによりRAID0～6に分類される。読み書きの高速化にはストライピングという技術が、信頼性向上にはミラーリング／パリティという技術がそれぞれ利用されている。
デュプレックスシステム	現用系と待機系の2系統のシステムから構成され、正常時は現用系でオンライン処理を行い、待機系でバッチ処理などを行うシステム構成。現用系が故障した場合は、待機系に切り替えて処理を続行する。デュプレックスシステムにおいて、待機系システムの待機の方式にはコールドスタンバイ、ウォームスタンバイ、ホットスタンバイの3方式がある。
デュアルシステム	システムを構成する全装置を2重化し、各系統が同じ処理を行って、その処理結果を照合するシステム構成。
ロードシェアシステム	2つ以上の複数の処理系をもち、ロードバランサなどを用いて各処理系に負荷を分散させることで処理効率や信頼性の向上を図るシステム構成。負荷分散システムともよばれる。

経営情報システム

② デュプレックスシステムにおけるスタンバイ方式

方式	待機系システムの状態		
	電源	現用系システム上で稼動する処理	障害発生時の対応
コールドスタンバイシステム	オフ	起動せず	電源を入れ、現用系システム上で稼動する処理を待機系システム上で起動して処理を引き継ぐ。
ウォームスタンバイシステム	オン	起動せず	現用系システム上で稼動する処理を待機系システム上で起動して処理を引き継ぐ。
ホットスタンバイシステム	オン	起動	即座に処理を切り替える。

❽▶プログラム言語
■プログラム
コンピュータが処理する手順を、プログラム言語で記述したもの
アルゴリズム：コンピュータで処理を実行させるために、あらかじめ定めておく一連の処理手順

■代表的なプログラム言語
① 低水準言語と高水準言語

分類	名称	内容
低水準言語	機械語	CPUが直接解釈できる言語。機械語はCPUによって異なる。
	アセンブラ	命令が機械語と1対1になっている言語。

		FORTRAN	科学技術計算に適している。
高水準言語	手続き型言語	COBOL	事務処理計算に適している。
		C	アメリカ規格協会（ANSI）によって標準化され、国際標準化機構（ISO）や日本産業規格（JIS）にも標準として採用されている。UNIXはC言語で記述されている。
		BASIC	初心者向けとして広く普及しているインタプリタ言語。
	非手続き型言語	C++	C言語にオブジェクト指向の考え方を取り入れた言語。
		Java	C++を元にして、オブジェクト指向の考え方を取り入れた言語。
		Objective-C	C言語をベースにSmalltalk言語の特徴を取り入れたオブジェクト指向型言語。Mac OSに標準付属する公式開発言語である。

② Java
- 特定のOSに依存しない
- 汎用性が高い
- オブジェクト指向による開発に適している
- ネットワーク環境で利用されることを意識した仕様

■スクリプト言語

スクリプト言語	特徴
JavaScript	Webページ内でHTMLとともに記述し、クライアント側で動作する言語。Java言語の文法を参考にしているが、互換性は全くない。
Perl	テキストの検索や抽出、レポート作成に向いた言語。CGIの開発やUNIX用のテキスト処理などに用いられる。
PHP	Webページ内でHTMLとともに記述し、サーバ側で動作するサーバサイドスクリプト言語。Webアプリケーション開発に特化しており、データベースとの連携も容易である。
Ruby	オブジェクト指向プログラミングを実現するための種々の機能を有する言語。「まつもとゆきひろ」氏が開発しているフリーソフトウェア。

経営情報システム

Python	C言語などに比べて少ないコード行数で書ける言語。汎用性が高く、近年では機械学習やディープラーニング（深層学習）で利用されている。
R（R言語）	データ解析・統計解析向けのオープンソースなプログラム言語である。

■マークアップ言語

マークアップ言語	特徴
SGML	ISOの国際規格に制定された文書の構造を記述するマークアップ言語、HTMLやXMLのもとになった言語である。
HTML	Webページを記述するためのマークアップ言語である。
XML	ユーザが独自のタグを指定できるメタ言語（言語を記述するための言語）である。

① HTMLに関連する用語

名称	内容
CSS (Cascading Style Sheet)	Webページのレイアウトを定義する規格。CSSを使うとフォントの種類や形状、サイズ、背景カラーやイメージなどの設定が容易にでき、複数ページにわたって統一した表現を実現できる。
CMS (Contents Management System)	Webのデザイン、レイアウト、テキスト、画像などのコンテンツ情報のすべてを管理し、これらを編集したり、HTML情報として表示したりするシステムである。
DHTML (Dynamic HTML)	HTMLでは不可能だった画像や文字などの自由な位置調整や移動など動的表現が可能となるマークアップ言語。
VRML (Virtual Reality Modeling Language)	テキスト形式で3次元グラフィックスデータを記述できるようにしたWebページ記述言語。

XHTML (eXtensible HTML)	Webページを記述するための言語であるHTMLを、XMLに適合するように定義し直したマークアップ言語。
SSI (Server Side Include)	HTMLファイルの中に組み込みコマンドを書くことによって、サーバ側でコマンドを実行し、結果をその場所に挿入してからクライアントに送信する技術。
HTML5	HTMLの5回目の改訂版。HTML5では別のアプリケーションをインストールさせることなく、スマートフォンやコンピュータのブラウザ上でさまざまなコンテンツを動作させることができる。

② ＸＭＬに関連する用語

名称	内容
MPEG-7	動画ファイルのデータ形式。動画の圧縮仕様を定めたものではなく、XMLにてマルチメディアデータに情報を付加するための記述方式。
Ajax	JavaScriptの非同期通信を利用して、WebブラウザとWebサーバとの間で通信を行い、XML形式のデータをWebサーバとやり取りすることで、画面の一部を動的に再描写する仕組み。
SOA	システムの単位をサービスという概念で捉え構築する設計手法。開発効率を重視して、XMLベースの部品を柔軟に組み合わせて構築する。
SOAP	Webサービスの連携に必要なXMLドキュメントの交換を行うためのプロトコル。
SMIL (Synchronized Multimedia Integration Language)	マルチメディアを用いたプレゼンテーション情報をXML形式で記述するための言語仕様。XMLはテキストデータであるが、SMILを用いるとXML形式にて図形や音声データを扱うことができる。
SVG (Scalable Vector Graphics)	XMLをベースとした、2次元ベクターイメージ用の画像形式。

経営情報システム

RSS (RDF (Resource Description Framework) Site Summary)	多数のWebサイトの更新情報を統一的な手法で効率的に把握するための技術。Webサイトの見出しや要約などのメタデータを構造化して記述するXMLベースのフォーマットを使用している。
XSL (eXtensible Stylesheet Language)	XML文書のレイアウトを記述する言語。
XBRL (eXtensible Business Reporting Language)	各種財務報告用の情報を作成・流通・利用できるように標準化されたXMLベースの言語。XBRLで記述された報告書には各数値に意味内容が含まれているため、それを元に集計を行い、分析を効率的に行うことができる。米国の公認会計士などが中心となり、世界各国で導入されている。我が国においても、金融庁や日本銀行などが導入を進めている。

■言語プロセッサ

① 言語プロセッサ：プログラム言語で書かれたプログラムを機械語に変換するソフトウェア

② 言語プロセッサの種類

名称	内容
アセンブラ	アセンブラ言語で記述されたプログラムを変換
インタプリタ	命令を1つずつ解釈して実行 BASIC、Perlなど、主にスクリプト言語に適用
コンパイラ	原始プログラムを目的プログラムに一括変換 C言語、FORTRAN、COBOLなど、主に手続き型言語に適用

第2章 システム・ソフトウェア開発

❶▶開発方法論
■開発モデル

名称	内容
ウォーターフォールモデル	「基本計画（要求分析／要件定義）」「外部設計（概要設計）」「内部設計（詳細設計）」「プログラミング設計」「プログラミング」「テスト」など、作業工程を時系列に分割し、順を追って実施するモデル。 工程全体が見通しやすく、スケジュール管理やコスト管理が容易。工程の後戻りが許されず、柔軟な対応が難しい。
プロトタイプモデル	試作品（プロトタイプ）を作成し、ユーザ要求の明確化、ユーザのプロジェクト参画意識の向上を図る。
スパイラルモデル	中核となるサブシステムをまず開発して、設計→プログラミング→テスト→評価という工程を一連のサイクルとして繰り返しながら、開発を進めていくモデル。

■アジャイル（agile）開発プロセス

　アジャイル（迅速／俊敏）にソフトウェアを開発することを可能にするさまざまな手法の総称
① 　アジャイル開発プロセスの4つの価値
　　1）プロセスやツールより人と人同士の相互作用を重視する。
　　2）包括的なドキュメントより動作するソフトウェアを重視する。
　　3）契約上の交渉よりも顧客との協調を重視する。
　　4）計画に従うことよりも変化に対応することを重視する。

経営情報システム

② 代表的な開発手法

手法	概要
XP **(エクストリーム** **プログラミング)**	アジャイル開発プロセスの先駆けとなった手法であり、単純さ、コミュニケーション、フィードバック、勇気、尊重の5つの価値を重視した手法。19のプラクティスを定義している。
スクラム	開発チームの密接な連携を前提にする開発手法であり、顧客の要求変化や技術の変化など、予測が難しいプロジェクトの運営に適した手法。
クリスタル	定まったソフトウェア開発プロセスを持たない組織が、アジャイル開発プロセスを試験的に導入する際に用いられる手法。
FDD (Feature Driven Development： フィーチャ駆動開発)	比較的大規模なプロジェクトにも適用可能な手法であり、開発プロセスが非常にコンパクトで明確に定義されている。ユーザにとっての機能価値(=フィーチャ)を基本単位として開発を進める点が特徴である。
ASD (Adaptive Software Development：適応 型ソフトウェア開発)	大規模で複雑であり、速さや激しい変化への対応を求められるプロジェクトに適した手法である。
LSD (Lean Software Development：リー ンソフトウェア開発)	ソフトウェアプロセスから無駄を取り除くことを目的とした手法であり、製造業を中心に展開されているリーン生産方式の考え方(リーン思考)を、ソフトウェア開発に応用したものである。

■開発アプローチ

名称	内容
POA	業務プロセスの段階的詳細化、データの流れの把握。
DOA	データのモデル化、業務処理の変更に柔軟に対応可能。
OOA	手続きとデータを一体化したオブジェクトを対象。 データとメソッドを一体化することを**カプセル化**という。

■モデリング技法

　ソフトウェア開発の設計においては、業務プロセスや業務上発生するデータなどを図式化（モデリング）する

① **DFD（Data Flow Diagram）**：システムの持つ機能（処理）とデータの流れを示す図式化技法。DFDは時間的情報を表現するものではない。

② **E-Rモデル（Entity-Relationship model）**
- E（エンティティ・実体）：対象となるモノや人を表す
- R（リレーションシップ・関係）：エンティティ間の関係を表す
- アトリビュート（属性）：エンティティが持つ属性
- E-R図：複数のエンティティ同士の関連を図示したもの

③ **UML（Unified Modeling Language）**
　オブジェクト指向のソフトウェア開発における、プログラム設計図の統一表記法

図表名	特徴
ユースケース図	システムと利用者とのやり取りを表現するダイアグラムである。
クラス図	概念・事物・事象とそれらの間にある関連を表現するダイアグラムである。
オブジェクト図	システムのある時点におけるオブジェクト間の関係を記述するダイアグラムである。
シーケンス図	オブジェクト間で発生するメッセージのやり取りを時系列に並べたダイアグラムである。
コミュニケーション図	オブジェクト同士の相互作用を表現するためのダイアグラムである。
ステートマシーン図	システム内部の振る舞いを表現するためのもので、ユースケースをまたがったオブジェクトごとの状態遷移を表現するダイアグラムである。

経営情報システム

アクティビティ図	「オブジェクトがどのような処理をするか」といった活動の流れや業務の手順を表現するダイアグラムである。
コンポーネント図、配置図	オブジェクトやコンポーネントの物理的な配置関係を記述するダイアグラムである。
コンポジットストラクチャ図	クラスやコンポーネントの内部構造を静的に記述するダイアグラムである。
タイミング図	システムの動作を、時間とともに記述するダイアグラムである。
インタラクションオーバービュー図	システムの相互作用の流れを大まかにつかむための複合ダイアグラムである。

■テスト方法

テスト工程	テストケース	テスト主体
単体テスト	ホワイトボックス	開発者 （ベンダ）
結合テスト	ブラックボックス	
システムテスト		
承認テスト		利用者 （ユーザ企業）
運用テスト		

① テストケースの設計

	ホワイトボックステスト	ブラックボックステスト
着眼点	プログラムの内部構造	プログラムの外部仕様
テストの網羅性	高い	低い
テスト実施の負荷	高い	低い

② 単体テスト（モジュールテスト）

　単体テストでは、各モジュールの品質を、機能、構造の2つの側面から検証する。この際、機能を検証するためにブラックボックステストが、構造を検証するためにホワイトボックステストが用いられる。

③　結合テスト（モジュール集積テスト）
- トップダウンテスト：上位のモジュールに順次下位モジュールを結合させていく方法
  下位モジュールがすべてそろわない場合は、テスト用のモジュールであるスタブを利用する。
- ボトムアップテスト：下位モジュールから順次上位モジュールを結合していく方法
  結合すべき上位モジュールがまだ作成されていない場合、テスト用のモジュールであるドライバを利用する。
- 一度にすべて結合してテストする方法：ビッグバンテスト、一斉テスト

④　システムテスト（総合テスト）
　　サブシステムおよびシステム全体について行うテスト
⑤　承認テスト（受入テスト）
　　検収時（システム開発部門からユーザ部門にシステムを引き渡すとき）に行うテスト
⑥　運用テスト（導入テスト）
　　ユーザ部門で、システムを運用しながら行うテスト

❷ ▶ 開発に関するガイドライン

■システム開発全般

名称	内容
PMBOK (Project Management Body of Knowledge)	アメリカのプロジェクトマネジメント協会（PMI：Project Management Institute）が提唱する、プロジェクトマネジメントのための標準的なフレームワーク。ISO10006のベースになっている。 2021年10月に発行された「PMBOKガイド第7版（日本語版）」では、8つのプロジェクト・パフォーマンス領域とプロジェクトマネジメントの12個の原理・原則に変更された。

経営情報システム

共通フレーム2013	共通フレーム2013（SLCP-JCF2013：Software Life Cycle Process - Japan Common Frame2013）は、作業工程、開発モデル、開発技法などに依存しないガイドラインであり、システム開発作業全般にわたって、システム発注側（ユーザ側）と受注側（ベンダ側）に共通の物差しや共通語を提供するものである。

■システム開発見積り技法関連

名称	内容
COCOMO	B.W.ベームが提案した代表的な統計的コスト見積りモデル。ソフトウェアの生産性に影響を与えるさまざまな要因を明らかにし、開発形態や開発規模に応じたモデル式によって、ソフトウェア開発の工数や期間を推定する。
ファンクションポイント法	ソフトウェアが持つ機能（ファンクション）に基づいて、システムの開発規模を見積る方法。開発規模が不透明な場合にも適用できる、ユーザの理解を得やすい、開発の初期段階から採用できるなどの特徴がある。
LOC法 **(Lines Of Code法)**	プログラムの行数により開発規模を見積る手法。
ボトムアップ法 (標準タスク法)	プロジェクトの成果物の構成要素を洗い出し、それぞれに必要な工数などを見積って積み上げる見積り手法。
トップダウン法	全体システムを見積り可能なサイズのソフトウェアコンポーネントに細分化する見積り手法。
類推法	過去の類似プロジェクトの実績を基礎に見積る方法。

名称	内容
CoBRA法	経験豊富なプロジェクトマネージャなどの見積り熟練者の経験および知識を抽出し、それを変動要因として定義・定量化することで、透明性と説明性が高いコスト見積りを実現する方法である。開発工数は開発規模に比例することを仮定するとともに、さまざまな変動要因によって工数増加が発生することを加味している。

■上流工程

名称	内容
非機能要求グレード	非機能要求とは、システムが実現する業務機能以外の要求を指し、稼働率や障害対策など、システムの信頼性や安全性に関する要求が該当する。システム開発に係る工数や費用を正確に把握するためには、要件定義において非機能要求をいかに洗い出せるかが鍵となる。非機能要求グレードでは、ユーザとベンダ間で非機能要求を合意し、認識のズレをなくすことを目的としており、以下の方針のもとで非機能要求を整理している。 ・非機能要求の項目を、定量的に表現できる指標で表す ・各項目について、コストやアーキテクチャのギャップに応じてレベルを設定する 非機能要求グレード2018では、新たなセキュリティ脅威の増大やクラウドコンピューティングの台頭の変化に対応するために、非機能要求グレードのツール群を改訂した。主な改訂内容は、「セキュリティ」と「仮想化」に関するものである。

経営情報システム

BABOK (Business Analysis Body of Knowledge)	非営利団体IIBA（International Institute of Business Analysis）により策定された、ビジネス分析のための知識体系。BABOKでは、ビジネス分析を行うために必要となるタスクやテクニックがまとめられている。2015年にVersion 3.0が発行された。「ビジネスアナリシス知識体系ガイド（BABOKガイド）Version 3.0」では、ビジネス分析の実践者が理解しておくべきこと、および実行すべきタスクを6つの知識エリアに分けてまとめている。また、新しいソリューションを実現するための要求を4つに分類しており、要求を明確にすること、プロジェクトにおけるすべてのステークホルダーが要求を確かに理解できるようにすることが、ビジネス分析の主要な目標のひとつであるとしている。

■プロジェクト進捗管理

名称	内容
WBS (Work Breakdown Structure)	プロジェクトの目標達成に必要な作業項目をトップダウン的に階層構造で表現したもの。各作業項目には作業内容、完了基準、成果物、完了日、予算などの目標値を設定しておき、各作業項目の進捗を管理する。
ガントチャート	縦軸に作業項目、横軸に日付（時間）を取り、作業別に作業（タスク）内容とその実施期間を棒状に図示したもの。各作業の開始日と終了日や計画と実績の差異を表現しやすく、個人やグループの進捗管理に利用される。
トレンドチャート	横軸に開発期間、縦軸に予算消化率をとって表した折れ線グラフで、費用管理と進捗管理を同時に行うために利用するチャートである。

EVMS (Earned Value Management System)	プロジェクトにおける作業実績を金銭価値に換算して、定量的にコスト効率とスケジュール効率を評価する手法である。コストの実績（Actual Cost）と作業実績（Earned Value）から進捗状況を計測し、プロジェクト計画時の予算（Budget At Completion）との差を測ることで、コスト管理やスケジュール管理を行う。

■プロジェクト組織のプロセス成熟度評価

名称	内容
CMMI (Capability Maturity Model Integration)	米カーネギーメロン大学ソフトウェア工学研究所が開発した、ベンダの組織およびプロジェクトのプロセス改善の成熟度を定量的に表すモデルCMM（Capability Maturity Model）に、有識者の意見や多くのプロセス改善事例を反映させて作成された新しい能力成熟度モデル。

第3章 経営情報管理

❶▶ 経営とIT

■IT戦略

自社の経営戦略や事業戦略を実現するためのIT活用方針を定めるもの。IT戦略は経営戦略や事業戦略と密接にかかわっているため、両者の整合性を確保し、維持することが求められる。

■ITガバナンス

企業が競争優位性を確保する目的で、経営戦略と合致したIT投資やIT管理が適切に行われていることをチェックすること。ITガバナンスにより、適切なITの活用を実現することが期待できる。

経営情報システム

① IT投資管理

名称	内容
TCO **(Total Cost of** **Ownership)**	コンピュータシステムの導入、維持・管理などにかかる費用の総額のこと。システムの投資意思決定を行う場合には、導入時費用だけでなく、すべての費用（TCO）を考慮することが重要である。
ITポートフォリオ	ポートフォリオマネジメントの考え方を情報化投資戦略に応用したもの。IT投資をリスクや投資価値の類似性でいくつかのカテゴリに整理し、カテゴリごとに投資割合を管理することで、限りある経営資源を有効に配分することができる。
BSC **(Balanced Score Card** **：バランスト・スコ** **アカード)**	**「財務」「顧客」「業務プロセス」「学習と成長」**という4つの視点から、投資案件の有効性を評価する手法。BSCは非財務的な評価を行える手法であり、投資効果が定量化しにくい、新規事業を創出するための投資案件や企業のシステム基盤を構築するための投資案件に適用することができる。

② ITリスク管理
- リスクアプローチ
    システム運営に関するリスクを正確に把握し、包括的かつ適切にコントロールするためのITリスク管理の代表的なアプローチである。
- リスクマネジメント
    独立行政法人情報処理推進機構（IPA）によるリスク対応では、リスク評価の作業で明確になったリスクに対して、どのような対処を、いつまでに行うかを明確にする。対処の方法には、大きく分けて**「リスクの低減」「リスクの保有」「リスクの回避」「リスクの移転」**の4つがある。
- コンティンジェンシープラン
    事件・事故・災害などの不測の事態が発生することを想定し、その被害や損失を最小限にとどめるために、あらかじめ定めた対応策

や行動手順のことである。

③ IT組織・人材育成

名称	内容
CIO (Chierf Information Officer)	企業における最高情報責任者、情報システム統括役員を意味する。CIOは経営・現場（業務）・ITの３つの視点をもち、全体最適を鑑みてIT戦略を立案し、それを実行する先導役としてきわめて重要な役割を担っている。
ITスキル標準 (ITSS ：IT Skill Standard)	個人のIT関連能力を職種や専門分野ごとに明確化および体系化し、IT人材に求められるスキルやキャリア（職業）を示した指標。2002年12月に経済産業省が公表し、2004年に独立行政法人 情報処理推進機構（IPA）へと管理が移管されている。2012年３月に「ITスキル標準V3 2011」が発行され、2017年４月に「ITSS＋」が公開された。 「ITスキル標準V3 2011」では、ITサービスの分野11職種35専門分野ごとに、最高７段階のスキルレベルを設定している。それぞれのレベルについて、要求される業務経験や実務能力、知識を定義している。ITSS＋は、第４次産業革命に向けて求められる新たな領域の学び直しの指標として策定され、従来のITスキル標準V3 2011 (ITSS) を補完する位置づけである。ITSS＋では、「セキュリティ領域」「データサイエンス領域」「IoTソリューション領域」「アジャイル領域」の４つの領域が追加された。

❷ ▶ IT資産管理

■ITサービスマネジメント

　IT技術やIT基盤（インフラ）は、ハードウェアやソフトウェアといった物的資産を購入・導入しただけでは効率的な利用や導入による目的を達成することはできない。ITにかかわる物的資産の全般を適切に管理

経営情報システム

し、保守や運用を行う必要がある。これらの管理や保守運用にかかわる支援機能は、総称して**ITサービス**とよばれる。IT資産を取得したユーザ企業が自社ですべてのITサービスを提供することは難しいため、その一部を外部企業に委託するITアウトソーシングが主流になっている。

① **SLA（Service Level Agreement）**
   サービス内容およびサービス目標値に関するユーザ企業（顧客）とベンダ（サービス提供者）の間の合意書

② **SLM（Service Level Management）**
   サービスがSLAのとおりに提供されているか、サービスレベルの合意と監視に関する活動

③ **ITIL（Information Technology Infrastructure Library）**
   ITサービスマネジメントにおけるベストプラクティス集（ガイドライン）

■ITアウトソーシング

システム開発作業や保守・運用作業など、コンピュータやインターネット技術に関連した業務を外部企業に委託すること。IT投資への費用対効果が重視されるようになった昨今、外部専門家のノウハウを活用し、自社のコアコンピタンスへ経営資源を集中する動きが活発になっている。

① 代表的なサービス事業者

事業者	内容
ISP (Internet Service Provider)	巨大なネットワークであるインターネット環境を管理する事業者。私たち個人や企業がインターネットに接続するためには、ISPが提供するインターネット接続サービスを利用しなくてはならない。
ASP (Application Service Provider)	汎用的なアプリケーションの機能をネットワーク経由で複数のユーザに提供する事業者。

iDC (internet Data Center)	高度なセキュリティや災害耐性を備えたデータセンター内に大量のサーバやネットワーク機器などを設置し、その維持・管理を行う事業者。iDCにユーザ保有のサーバやネットワーク機器を設置してハウジングサービスを利用する場合や、iDCが保有するサーバやネットワーク機器の一部を借りるホスティングサービスを利用する場合などがある。

② 代表的な形態

名称	特徴
ハウジングサービス	ユーザ保有のサーバをサービス事業者の施設内に設置して保守・運用する形態。高速回線や耐震設備、電源設備やセキュリティが確保された専用施設を保有せず、サービス事業者の施設を利用することで、IT投資に係る初期費用を圧縮することができる。
ホスティングサービス	サービス事業者がサーバやネットワーク機器を保有し、その一部を提供する形態。ユーザは、サービス事業者が提供するサーバやネットワーク機器を間借りする形となる。

■クラウドコンピューティング

インターネットなどを介してデータやアプリケーションなどのコンピュータの資源をサービスの形で利用者に提供するコンピューティングの形態。従来は手元のコンピュータの中にあったデータやソフトウェア、ハードウェアの機能をインターネット上のサーバ群に移行し、それらを必要に応じて必要な分だけ利用する。

経営情報システム

① クラウドコンピューティングを支える技術

名称	内容
仮想化技術	ハードウェア、ソフトウェア、ネットワークなど、物理的なシステム構成に依存することなくシステムを利用できる技術。
分散技術	複数のコンピュータを連携させて、1つのものとして動作させる技術。
セキュリティ技術	インターネットなど、不特定多数の利用者が存在するネットワークで安全にデータをやり取りするための技術。

② クラウドコンピューティングの分類
● サービス提供範囲による分類

分類	内容
SaaS (Software as a Service)	サービス事業者が、各種アプリケーション（ソフトウェア）までをサービスとして提供。
PaaS (Platform as a Service)	サービス事業者が、アプリケーションを稼働させるための基盤（プラットフォーム）までをサービスとして提供。
IaaS (Infrastructure as a Service)	サービス事業者が、サーバ、CPU、ストレージなどのインフラまでをサービスとして提供。
CaaS (Cloud as a Service)	クラウドサービスの類型の1つで、クラウド上で他のクラウドサービスを提供するハイブリッド型を指す。

113

DaaS (Desktop as a Service)	仮想的なデスクトップ環境、つまり個人用のクライアント環境を仮想的に提供する形態。クライアントPCには最低限のハードウェアがあればよく、クラウド上でOSやアプリケーションが動作し、必要に応じてそれらを呼び出して利用する。DaaSを利用すると、PC所有による情報漏えいなどのセキュリティリスクへの対応も講じることができる。

● 利用環境による分類

分類	内容
パブリッククラウド	業界・業種を問わず企業や個人に向けてクラウド環境を提供するオープンな形態である。プライベートクラウドの登場により、その対義語として用いられるようになった。
プライベートクラウド	企業が自社専用のクラウド環境を構築し、社内の各部署やグループ会社に提供する形態である。社内にクラウド環境を構築する場合もあれば、サービス事業者が提供するサービスを利用する場合もある。主にセキュリティに懸念がある場合や企業独自の機能を利用したい場合などに用いられる。
ハイブリッドクラウド	パブリッククラウドとプライベートクラウドを併用する形態である。両者には、それぞれメリット／デメリットがあるために両者を使い分けるための方針や、統合して管理できる仕組み、プログラムやデータをクラウド間で移動させる可搬性が必要になる。

③ ERP（Enterprise Resource Planning）パッケージ
　● ERPパッケージとは
　　　1）ERP：生産や販売、物流、在庫、財務・会計、人事といった基幹業務プロセスの実行を、統合業務パッケージを利用して、必要な機能を相互に関連付けながら支援する総合情報システム

経営情報システム

2）ERPパッケージ（統合型業務パッケージソフトウェア）：
ERPを実現するためのパッケージソフト

●ERP導入の留意点
パッケージに適合するように、自社業務を変更すること

➡ パッケージに手を加えると、ERPパッケージ利用のメリットがなくなっていくため

■エッジコンピューティング

IoTなどで発生する膨大なデータをクラウドですべて処理するのではなく、生成元またはその近く（エッジ環境）でデータを処理するソリューション。データをクラウド上のサーバに集約せず、ネットワークの「エッジ（縁）」に分散して保持し、そこで処理して、必要なデータだけをクラウド上に送る。クラウドコンピューティングと比べて、「通信量削減」「セキュリティリスクの低減」「低遅延」という３つのメリットがある。

❸▶ITトレンドと関連用語 ··

■ビッグデータ

大量でかつリアルタイムに発生する構造化および非構造化データを蓄積し、それを処理・分析するための技術の総称。ここで、構造化データとは、従来のRDBで管理されていたデータであり、非構造化データとは動画、音声、SNS上の文章や発言、機器に取り付けられたセンサーから取得される情報やGPSの位置情報など、その形式が決まっていないデータを指す。

115

名称	内容
オープンデータ	二次利用が可能な利用ルールが適用され、機械判読に適し、無償で利用できる形で公開されるデータである。
ストリームデータ	急速にデータが生成されて永続的に継続する、データが無制限に発生し続ける、時間の経過によりデータの性質・傾向・価値が変動するなどの性質をもつデータである。
複合イベント処理（CEP：Complex Event Processing）	発生したイベント（事象）に関するデータの流れを追跡して分析し、何らかの結論を得る技術である。

■IoT（Internet of Things）

　PCやスマートフォン以外の自動車、家電、ロボット、施設などあらゆる「モノ」がインターネットにつながり情報のやり取りを行うようになること、「モノのインターネット」とよばれる。「モノ」のデータ化やそれに基づく自動化が進展し、製造業や物流、医療・健康から農業に至るまでさまざまな分野での効率化と、データを分析・活用することによる新しい価値の創造、高付加価値化につながるとされる。

名称	内容
M2M (Machine to Machine)	コンピュータネットワークに繋がれた機械同士が人間を介在せずに相互にデータ連携を行い、自動的に最適な制御が行われるシステムのことである。M2Mは、IoTという言葉が使われる以前から使われていたが、その多くは、工場内の工作機械や鉄道や道路などの監視・制御などの目的で使われ、閉じたネットワークの中で運用されていた。一方IoTは、機械だけでなく、膨大な量の「モノ」がつながり、インターネットを介してクラウドと連携されているオープンシステムであることが特徴である。

経営情報システム

人工知能 (AI：Artificial Intelligence)	人工的にコンピュータ上で人間と同様の知能を実現しようとする試み、またはその技術の総称。人工知能（AI）の代表的な研究テーマには、**機械学習**や**ディープラーニング**などがある。 機械学習は、コンピュータが数値やテキスト、画像、音声などのさまざまかつ大量のデータからルールや知識を自ら学習する技術である。一方、ディープラーニングは、従来の機械学習に加え、学習対象となる変数そのものを大量のデータから自動的に学習できる点が特徴である。
RPA (Robotic Process Automation)	これまで人間のみが対応可能と想定されていた作業、もしくはより高度な作業を人間に代わって実施できるルールエンジやAI、機械学習等を含む認知技術を活用して業務を自動化・省人化する取り組みである。
チャットボット	チャット上での利用者からの問いかけに自動で応えを返すプログラムである。 自動的に会話する方法は、**ルール型（人工無能型）**と**機械学習型（人工知能型）**に分類される。

■インターネット広告

名称	内容
バナー広告	Webページの一部に広告用の静止画像や動画像を表示する手法。
リスティング広告	検索サイトで入力したキーワードに関連する広告を検索サイトの結果ページに表示する手法。
ネイティブ広告	広告掲載面に広告を自然に溶け込ませることで、利用者にコンテンツの一部として見てもらう手法。
アフィリエイト	Webサイトやメールマガジンなどから企業サイトへリンクをはり、閲覧者がそのリンクを経由して商品購入などを行った成果に応じてリンク元サイトの主催者に広告料が支払われる手法。

■検索エンジン

名称	内容
SEM (Search Engine Marketing)	検索エンジンから自社ウェブサイトの誘導者数を最大化するマーケティング活動。SEMは、検索エンジンの検索結果上位に自らのWebサイトが表示されやすくする技術であるSEO（Search Engine Optimization）により実現される。 なお、検索エンジンはWeb上の文書や画像などを定期的に収集し、データベース化することで検索機能を提供する。情報を定期的に収集してデータベース化するプログラムをクローラ（またはロボットやスパイダー）とよぶ。また、検索エンジンに対して利用者からあるキーワードで検索要求が出された場合、検索エンジンは独自のアルゴリズムによって求めた優先度をもとに、その上位から検索結果を表示している。この検索結果を表示するページをSERP（Search Engine Result Page）とよぶ。
リンクポピュラリティ	Webページに対して集まっている外部リンクの数と質を判断し、Webページの重要度や人気度を測ろうとする概念のこと。
フィルターバブル	消費者が興味のある情報にだけ接し、それ以上の情報に触れなくなっている状態のこと。

■その他のデジタルマーケティング

名称	内容
O2O（Online to Offline）	実店舗での購入につなげるため、ネット上で行われる販売促進やマーケティングなどの活動のこと。
ステルスマーケティング	マーケティングの手法のうち、それが宣伝であると消費者に悟られないように宣伝を行うこと。

	経営情報システム
デジタルサイネージ (Digital Signage)	表示と通信にデジタル技術を活用し、平面ディスプレイやプロジェクタなどによって映像や情報を表示する広告媒体。
サブスクリプション	利用するソフトウェアやサービスなどの範囲や利用する期間に応じて課金する方式である。
フリーミアム	ソフトウェアやサービスの基本部分の利用は無料とし、より高度な機能などの付加的部分の利用に課金する方式である。
エンゲージメント率	主にソーシャルメディアで用いられる指標であり、ある投稿に対してどのくらいのエンゲージ（反応：いいね、クリック、シェアなど）があったかを計る指標である。
コンバージョン率	Webサイトの目標に達した数値を目標に達する最初の段階に入った数で割った割合である。たとえば、Webサイトを訪れたユーザ全体の中で、商品購入や会員登録などの成果が得られた割合を示す。
直帰率	訪れた最初のWebページだけを見て、他のページに移動せずにWebサイトから離れる直帰数の割合を示す。具体的には、最初のWebページで直帰した直帰数を、そのページから始まったセッション数で割った値で算出される。
離脱率	あるWebページにあったアクセスのうちで、そのページを最後にどのくらいの割合が離脱したかを示す。具体的には、あるWebページからの離脱数をそのページの閲覧数（ページビュー数）で割った値で算出される。
チャーン率	メールによる広告配信を停止したり、ユーザアカウントを解約したユーザ数の全ユーザに対する割合をいう。
顧客生涯価値 (LTV:Customer Lifetime Value)	顧客が新規に購入してから、顧客ライフサイクルあるいは一定年数を通じて、その企業にもたらす総利益を現時点における正味現在価値で表した金銭的指標である。

■リモートアクセス

名称	内容
BYOD **(Bring Your** **Own Device)**	企業などにおいて、従業員が私物の情報端末などを利用して業務を行うこと。私用のスマートフォンから企業内のシステムにアクセスし、必要な情報を閲覧することなどがあげられる。
テレワーク	インターネットなどを活用して時間や場所の制約を受けずに、柔軟に働くことができる勤労形態。在宅勤務などが代表的な形態である。
MDM **(Mobile Device** **Management)**	携帯端末のシステム設定を統合的かつ効率的に管理する手法。個人所有の情報機器を利用する場合には、私用情報の退避を行う、特定のアプリケーションの利用を禁止する、紛失時に遠隔地から端末をロックする機能（**リモートロック**）やデータ消去を行う機能（**リモートワイプ**）、パスワード入力による端末ロックの解除に一定回数以上失敗した場合にデータを自動消去する機能（**ローカルワイプ**）などを利用して情報漏洩を防ぐことが求められる。

■電子商取引

名称	内容
EDI (Electronic Data Interchange)	電子データ交換の略であり、実質的には企業間電子取引のこと。ネットワークを通じて売り手と買い手が受発注処理をおこなうことで、紙の伝票のやりとりしていた従来の方式に比べ、情報伝達のスピードが大幅にアップし、事務処理の手間や人員の削減、販売機会の拡大などにつながる。

経営情報システム

QRコード	バーコードが普及し、その利便性が世界的に認識される一方で、「多くの情報を含んだバーコードを小さなスペースに表示したい」「英数字、漢字、かな等の文字種を表現したい」というニーズが出てきた。これらのニーズに対応するのが2次元シンボルである。2次元シンボルの種類のなかで代表的な2次元コードがQRコードであり、決済サービスにも利用されている。
RFID (Radio Frequency IDentification)	無線周波による（非接触型）自動識別技術である。トランスポンダ（タグ）の識別情報を無線周波を介してコンピュータに接続されたリーダーで読み取り、自動的に識別するシステムである。

■新商品／新サービス

名称	内容
シェアリング・エコノミー	場所・乗り物・モノ・人・お金などの遊休資産をインターネット上のプラットフォームを介して個人間で貸借／売買／交換し、シェアしていく経済の動き。
MaaS (Mobility as a Service)	出発地から目的地への移動を最適化し、サービスとして提供することである。
FinTech （フィンテック）	Finace（金融）とTechnology（技術）を混ぜた造語で、IT技術を活用した革新的な金融サービスのこと。取引の決済・送金、資産・資金管理、融資・資金調達などの金融分野で活用が広まっている。
ブロックチェーン技術	情報通信ネットワーク上にある端末同士を直接接続して、暗号技術を用いて取引記録を分散的に処理・記録するデータベースの一種。ビットコイン等の仮想通貨に用いられている基盤技術である。

| Society5.0 | サイバー空間（仮想空間）とフィジカル空間（現実空間）を高度に融合させたシステムにより実現される。第5期科学技術基本計画において日本が目指すべき未来社会の姿として提唱された。 |
| System of Systems（システムオブシステムズ） | 異質な個々のシステムが独立して動作可能ではあるが、ある共通したゴールに向けて共にネットワークされている大規模な統合された複数システムを指す。 |

第4章　統計解析

❶ ▶統計解析··

■仮説検証型の統計解析

① 検定の手順

● 対立仮説の設定

　知りたいことを仮説として設定する（対立仮説という）。

● 帰無仮説の設定

　知りたいことを検証するために、反対の仮説を設定する（帰無仮説という）。

● 危険率（または有意水準）の設定

　一般的に危険率1％もしくは5％で検定する。

　1％とは、100分の1の確率で対立仮説の立証を間違える危険があるということである。

● 判定

　検定で調べた値が危険率の領域に入っているか確認する（この領域を棄却域という）。

　棄却域に入っていれば、帰無仮説を棄却する。

● 対立仮説の立証

　帰無仮説が棄却されれば、知りたいこと（対立仮説）が正しかったということになる。

経営情報システム

② 片側検定と両側検定
- 片側検定
  「セット販売のときのお弁当は、通常販売のときのお弁当よりも売れる」という対立仮説を立証する場合は片側検定を行う。
- 両側検定
  「セット販売のときと、通常販売のときでは、お弁当の販売個数は違う」という対立仮説を立証する場合は両側検定を行う。

③ 検定の誤り
- 第1種の過誤
  帰無仮説が正しいとき、間違って帰無仮説を棄却する誤りのこと。
- 第2種の過誤
  対立仮説が正しいとき、間違って帰無仮説を受容する誤りのこと。
- 検定力（検出力）
  対立仮説が正しいとき、正しく帰無仮説を棄却できる確率のこと。

④ 検定の種類
- z検定
  母集団の平均値と標本の平均値に違いがあるかどうかの検定などに用いられる。母集団の分散が既知の場合に用いられる。母集団の分散が未知の場合は、t検定を用いる。
- t検定
  2つの母集団の平均値に違いがあるかどうかの検定などに用いられる。一般的に、2つの標本の母分散が未知であるが、等しいことがわかっている場合に用いる。
- ウェルチ検定
  2つの母集団の平均値に違いがあるかどうかの検定などに用いられる。一般的に、2つの標本の母分散が未知である場合に用いる。
- F検定
  2つの母集団の分散が等しいかどうかの検定などに用いられる（等分散性の検定）。

- **x^2検定（カイ二乗検定）**

　母分散についての仮説が正しいか否かを検定するために用いられる。他にも、2つの変数について、実際の観測値と期待値のずれを調べ、2つの変数に関連性があるかどうかを検定する独立性の検定や適合度の検定がある。

- **分散分析**

　3つ以上の標本の**平均値**に違いがあるかどうかの検定などに用いられる。分散分析には、一元配置の分散分析、二元配置の分散分析、多元配置の分散分析がある。

■多変量解析

　対象について観測された多数の変数（変量という）に関する多数のデータ分析を要約し、ある目的のもとに統合する統計的な分析手法の総称。この分析を行うことで、複数の変量間の関係（相関）を解き明かすことができる。

① **単回帰分析**

　1つの要因から、1つの結果を予想するときの分析手法。$y=ax+b$で表すことができる。

② **重回帰分析**

　複数の要因から、1つの結果を予想するときの分析手法。2つの要因のときは、$y=ax+bu+c$で表すことができる（aとbとcは定数）。

③ **主成分分析**

　多変量の資料から、少数の合成された新たな変数（主成分）を求める手法。

④ **因子分析**

　多変量のデータに対して、そのデータが得られる原因や根拠（因子）を探る分析手法。

⑤ **判別分析**

　結果が0か1かを決定するときに用いられる手法。

⑥ **クラスター分析**

　異なる性質のものが混じり合った集団から、互いに似た性質をもつものを集め、クラスター（集団）を作る手法。

経営情報システム

⑦ コンジョイント分析
　商品やサービスを構成する複数の要素の最適な組合せを探るために
マーケティング分野で利用される分析手法。

中小企業経営・
中小企業政策

1 中小企業経営

第1章 中小企業概論

❶▶中小企業とは

■中小企業の定義

① 中小企業基本法による定量的な定義

製造業、建設業、運輸業など	資本金**3億円**以下または従業員数**300**人以下
卸売業	資本金**1億円**以下または従業員数**100**人以下
小売業、飲食店	資本金**5千万円**以下または従業員数**50**人以下
サービス業	資本金**5千万円**以下または従業員数**100**人以下

② 中小企業の定性的な特徴
- 所有と経営の非分離
- 資金調達の非公開性
- 事業活動の地域性
- 特徴的な存立分野
- 経営者、従業員の役割が大

など

■中小企業の強みと弱み

① 中小企業の強み
- 意思決定の迅速性
- 企業内のコミュニケーションの緊密性

② 中小企業の弱み

経営資源の質・量が不十分

➡ 借入れ金依存度の高さ、人材確保の困難、情報の充実の遅れなど

中小企業経営・中小企業政策

❷▶中小企業の位置づけ･･････････････････････････

■企業数（2016年）

　総務省・経済産業省「平成28年経済センサス－活動調査」再編加工によると、中小企業は全体の**99.7**％を占めている。その他のポイントは以下のとおりである。

① 中小企業
- 業種別に多い順に並べると、「**小売業**」⇒「宿泊業、飲食サービス業」⇒「建設業」⇒「製造業」となる。

② 小規模企業
- 全企業数の**84.9**％（**8**割強）を占めている。
- 業種別に多い順に並べると、「**小売業**」⇒「宿泊業、飲食サービス業」⇒「建設業」⇒「生活関連サービス業、娯楽業」となる。

■企業数（2012年、2014年、2016年の推移）

＜中小企業＞
① 2012年、2014年、2016年の間、一貫して増加している業種はない。
② 2012年と2016年を比較して増加しているのは「**医療、福祉**」と「電気・ガス・熱供給・水道業」である。

＜小規模企業＞
① 2012年、2014年、2016年の間、一貫して増加している業種はない。
② 2012年と2016年を比較して増加しているのは「**医療、福祉**」と「電気・ガス・熱供給・水道業」である（中小企業と同じ）。

■従業者数（2016年）

　総務省・経済産業省「平成28年経済センサス－活動調査」再編加工における「会社および個人の従業者総数」に基づくと、中小企業の従業者数は総数の**68.8**％（約**7**割）、小規模企業の従業者数は総数の**22.3**％（約**2**割）となっている。その他のポイントは以下のとおりである。

① 中小企業
- 従業者の数が多い順に並べると、「**製造業**」⇒「小売業」⇒「宿泊業、

飲食サービス業」⇒「建設業」となる。

- 構成比（その業種における従業者総数合計に占める中小企業の従業者総数の割合のこと）は、「**医療、福祉**」が最も高く、次いで「建設業」となる。

② 小規模企業

- 従業者の数が多い順に並べると、「**建設業**」⇒「製造業」⇒「小売業」⇒「宿泊、飲食サービス業」となる。
- 構成比（その業種における従業者総数合計に占める小規模企業の従業者総数の割合のこと）は、「**建設業**」が最も高く、次いで「不動産業、物品賃貸業」となる。

■従業者数（2012年、2014年、2016年の推移）

<中小企業>

① 2012年、2014年、2016年の間、一貫して増加しているのは「電気・ガス・熱供給・水道業」のみである。

② 「非１次産業計」は、2012年から2014年にかけては**増加**していたが、2014年から2016年にかけては**減少**している。

<小規模企業>

① 2012年、2014年、2016年の間、一貫して増加しているのは「電気・ガス・熱供給・水道業」と「複合サービス事業」である。

② 「非1次産業計」は2012年、2014年、2016年の間、一貫して**減少**している。

■開廃業率（総務省・経済産業省「平成28年経済センサスー活動調査」他）

　開廃業率は、1989〜1991年に廃業率が開業率を上回り、それ以降は一貫して廃業率が開業率を上回っている（開廃業率の逆転現象）。なお、最も早く開廃業率が逆転したのは**小売業**である（1981〜1986年）。

　直近の2014〜2016年データは、図表１−１−１のとおりである。

中小企業経営・中小企業政策

図表１－１－１　開廃業率（2014〜2016年のみ。丸数字は順番）（単位：％）

	開　業　率	廃　業　率
非１次産業全体	5.0	7.6
製　造　業	④2.4	④6.2
卸　売　業	③4.4	②7.1
小　売　業	①5.5	①8.3
サービス業	②4.5	③6.8

■産業別規模別売上高（民営、非一次産業、2015年）

　総務省・経済産業省「平成28年経済センサス－活動調査」（再編加工）に基づくと、2015年の全売上高に占める中小企業の割合は44.1％、小規模企業の割合は9.5％である。その他のポイントは以下のとおりである。

＜中小企業＞

①　2015年における売上高は、多い順に、「卸売業」⇒「製造業」⇒「建設業」⇒「小売業」となっている。

②　2015年における構成比（その業種における全規模の売上高に占める中小企業の売上高の割合のこと）は、「医療、福祉」が最も高く、次いで「鉱業、採石業、砂利採取業」が高い。

＜小規模企業＞

①　2015年における売上高は、多い順に、「建設業」⇒「製造業」⇒「卸売業」⇒「小売業」となっている。

②　2015年における構成比（その業種における全規模の売上高に占める小規模企業の売上高の割合のこと）は、「鉱業、採石業、砂利採取業」が最も高く、次いで「建設業」が高い。

■産業別規模別付加価値額（民営、非一次産業、2015年）

　総務省・経済産業省「平成28年経済センサス－活動調査」（再編加工）に基づくと、全付加価値額に占める中小企業の割合は52.9％、小規模企業の割合は14.0％である。その他の主なポイントは以下のとおりである。

＜中小企業＞

① 2015年における付加価値額は、多い順に、「**製造業**」⇒「卸売業」⇒「建設業」⇒「小売業」となっている。

② 2015年における構成比（その業種における全規模の付加価値額に占める中小企業の付加価値額の割合のこと）は、「**医療、福祉**」が最も高く、次いで「建設業」が高い。

＜小規模企業＞

① 2015年における付加価値額は、多い順に、「**建設業**」⇒「製造業」⇒「不動産業、物品賃貸業」⇒「小売業」となっている。

② 2015年における構成比（その業種における全規模の付加価値額に占める小規模企業の付加価値額の割合のこと）は、「鉱業、採石業、砂利採取業」が最も高く、次いで「**建設業**」が高い。

■**中小企業の経営指標（2020年度）**

中小企業庁「令和３年中小企業実態基本調査（令和２年度決算実績）」に基づく業種別の中小企業の経営指標のうち、製造業、小売業、宿泊業・飲食サービス業（および全業種平均）を取り出すと、図表１－１－２のようになる。

図表１－１－２　中小企業（製造業、小売業、宿泊業・飲食サービス業）の経営指標（2020年度）

	自己資本当期純利益率（ROE）（%）	売上高経常利益率（%）	総資本回転率（回）	自己資本比率（%）	財務レバレッジ（倍）	付加価値比率（%）
全業種	7.40	3.25	0.97	39.21	2.55	25.54
製造業	②7.10	①3.85	②0.91	①46.04	③2.17	②29.24
小売業	①8.64	②1.90	①1.70	②31.43	②3.18	③19.68
宿泊業、飲食サービス業	③▲24.70	③▲4.16	③0.85	③13.98	①7.15	①47.42

※網掛けは全業種（平均）を上回っていることを示す。また、丸数字は３業種における順位である（高い順）。

（『中小企業白書2022年版』中小企業庁編　p.Ⅲ-50〜51をもとに作成）

中小企業経営・中小企業政策

第2章 中小企業白書2022年版第1部：令和3年度（2021年度）の中小企業の動向

❶ ▶中小企業・小規模事業者の動向

① 中小企業・小規模事業者の現状

1）業績（売上高・経常利益）

- 財務省「法人企業統計調査季報」に基づき、中小企業の**売上高**の推移を確認すると、リーマン・ショック後および2011年の東日本大震災後に大きく落ち込み、2013年頃から横ばいで推移した後、2016年半ばより増加傾向となっていた。2019年以降は減少傾向に転じた中で、感染症の影響によりさらに減少したが、2021年第1四半期を底に**緩やかな増加**傾向に転じている。

- 財務省「法人企業統計調査季報」に基づき、中小企業の**経常利益**の推移を確認すると、リーマン・ショック後に落ち込んだ後は緩やかな回復基調が続いてきたが、2020年に入ると、感染症の影響により、減少に転じた。その後は、2020年第3四半期を底に再び**緩やかな増加**傾向にある。

2）投資（設備投資・ソフトウェア投資・研究開発投資・能力開発投資）

- 財務省「法人企業統計調査季報」に基づき、中小企業の**設備投資**の推移を確認すると、2020年には減少傾向となったが、2021年に入ると**僅かに増加**している。

- 財務省「法人企業統計調査季報」に基づき、中小企業の**ソフトウェア投資額**の推移を確認すると、長期にわたって横ばいで推移してきたが、2021年に入ると増加傾向となり、足元ではおおむね横ばいで推移している。

- 財務省「法人企業統計調査季報」に基づき、中小企業の**ソフトウェア投資比率**（ソフトウェア投資額を設備投資額で除したもの）の推移を確認すると、2021年に入ると増加し、足元ではおおむね横ばいで推移している。

- 経済産業省「企業活動基本調査」再編加工に基づき、研究開発費および売上高に占める研究開発費の割合の推移を確認すると、**中小企業における研究開発費は緩やかな増加**傾向であるものの、**売**

133

上高に占める研究開発費の割合は横ばいの傾向が続いており、**同業種の大企業と比べて低水準**にある。
- 経済産業省「企業活動基本調査」再編加工に基づき、能力開発費および売上高に占める能力開発費の割合の推移を確認すると、**中小企業の能力開発費**は大企業と比較して規模が小さいものの、**増加傾向**にある。一方で、**売上高に占める能力開発費の割合**を確認すると、業種にかかわらず、ほぼ横ばいで推移している。ただし、同業種の大企業に比べて**研究開発費ほどの格差は存在していない**。

3）資金繰り・倒産
- **借入金月商倍率を確認すると**、図表1-2-1に見るように、多くの業種で感染症流行前と比べて**上昇**している。特に**サービス業**や**小売業**は2020年第2四半期、2021年第2四半期に上昇しており、感染症流行に左右されながら、**借入金の返済余力が低下**している可能性がうかがえる。

図表1-2-1　業種別に見た、借入金月商倍率の推移

資料：財務省「法人企業統計調査季報」
（注）1.ここでいう中小企業とは資本金1千万円以上1億円未満の企業とする。
2.借入金月商倍率＝（金融機関短期借入金＋その他の短期借入金＋金融機関長期借入金＋その他の長期借入金＋社債）÷月商

（『中小企業白書2022年版』中小企業庁編　p.Ⅰ-24をもとに作成）

- 倒産件数の推移を確認すると、2009年以降、**減少傾向**で推移してきた中で、2021年は**資金繰り支援策**などの効果もあり57年ぶりの**低水準**となった（図表1-2-2参照）。

図表1-2-2　倒産件数の推移

資料：（株）東京商工リサーチ「全国企業倒産状況」
（注）1.倒産とは、企業が債務の支払不能に陥ったり、経済活動を続けることが困難になった状態となること。また、私的整理（取引停止処分、内整理）も倒産に含まれる。
2.負債総額1,000万円以上の倒産が集計対象。

（『中小企業白書2022年版』中小企業庁編　p.Ⅰ-25をもとに作成）

- （株）東京商工リサーチ「全国企業倒産状況」に基づき、倒産件数の推移を規模別に見ると、大部分を**小規模企業**が占めている（2021年の規模別の倒産件数は、小規模企業：5,482件、中規模企業：545件、大企業：3件となっている）。
- 休廃業・解散件数について確認すると、（株）東京商工リサーチの「休廃業・解散企業」動向調査では、2021年の休廃業・解散件数は4万4,377件で、前年比**10.7%減**となった。また、（株）帝国データバンクの全国企業「休廃業・解散」動向調査では、2021年の休廃業・解散件数は5万4,709件で、前年比**2.5%減**となった。

4）商店街の現状

中小企業庁「商店街実態調査」に基づく調査結果は以下のとおりである。

- 商店街の最近の景況について確認すると、2021年度は「衰退の恐れがある／衰退している」と回答した割合が67.2%と最も多くなっているものの、2009年度と比べるとその割合は低下しており、景況は一定の**改善**が見られる。
- 立地市区町村の人口規模別に確認すると、人口規模が小さくなるにつれて「衰退の恐れがある／衰退している」と回答した割合が**高く**なっている。
- 最近3年間の**来街者数**の変化を確認すると、2021年度は「**減った**」と回答した割合が前回調査よりも**増加**し約7割となった。
- **来街者が減少した要因**について確認すると、2021年度は「**魅力ある店舗の減少**」が最も多くなっているが、特に「**集客イベント等の未実施**」を減少要因として回答する割合が、2018年度から2021年度にかけて大きく**増加**している（図表1−2−3参照）。

図表1−2−3　商店街への来街者数の減少要因

資料：中小企業庁「商店街実態調査」
(注) 1.複数回答。
2.2021年度調査において回答の多い上位五つを示している。

（『中小企業白書2022年版』中小企業庁編　p.Ⅰ-29をもとに作成）

中小企業経営・中小企業政策

5）開廃業の状況

厚生労働省「雇用保険事業年報」に基づく調査結果は以下のとおりである。

● 開業率・廃業率の推移を確認すると、**開業率**は、1988年度をピークとして低下傾向に転じた後、2000年代を通じて緩やかな上昇傾向で推移してきたが、2018 年度に再び低下傾向に転じたものの、足元では再び**5 ％台に回復**している。一方、**廃業率**は、1996年度以降増加傾向で推移していたが、2010年度からは**低下傾向**で推移している。

● 図表１－２－４から、業種別に開廃業の状況を確認する。まず、**開業率**を確認すると、「**宿泊業、飲食サービス業**」が最も高く、「生活関連サービス業、娯楽業」「電気・ガス・熱供給・水道業」と続いている。次に、**廃業率**を確認すると、「**宿泊業、飲食サービス業**」が最も高く、「生活関連サービス業、娯楽業」「金融業、保険業」と続いている。

開業率と廃業率がともに**高く**、事業所の入れ替わりが盛んな業種は、「宿泊業、飲食サービス業」「生活関連サービス業、娯楽業」となっている。一方で、開業率と廃業率がともに**低い**業種は、「運輸業、郵便業」「鉱業、採石業、砂利採取業」「複合サービス事業」となっている。

図表１－２－４　業種別の開廃業率

①開業率

産業分類

宿泊業，飲食サービス業
生活関連サービス業，娯楽業
電気・ガス・熱供給・水道業
不動産業，物品賃貸業
情報通信業
学術研究，専門・技術サービス業
教育，学習支援業
全産業
建設業
小売業
サービス業
医療，福祉
金融業，保険業
運輸業，郵便業
卸売業
製造業
鉱業，採石業，砂利採取業
複合サービス事業

5%　10%　15%

②廃業率

産業分類

宿泊業，飲食サービス業
生活関連サービス業，娯楽業
金融業，保険業
小売業
電気・ガス・熱供給・水道業
情報通信業
学術研究，専門・技術サービス業
全産業
不動産業，物品賃貸業
卸売業
サービス業
建設業
製造業
鉱業，採石業，砂利採取業
教育，学習支援業
医療，福祉
運輸業，郵便業
複合サービス事業

0%　2%　4%　6%

資料：厚生労働省「雇用保険事業年報」のデータを基に中小企業庁が算出
（注）1.開業率は、当該年度に雇用関係が新規に成立した事業所数／前年度末の適用事業所数である。
2.廃業率は、当該年度に雇用関係が消滅した事業所数／前年度末の適用事業所数である。
3.適用事業所とは、雇用保険に係る労働保険の保険関係が成立している事業所数である
（雇用保険法第5条）。

（『中小企業白書2022年版』中小企業庁編　p.Ⅰ-31をもとに作成）

6）海外展開

　　経済産業省「企業活動基本調査」再編加工に基づく調査結果は以下のとおりである。

　●企業規模別の**直接輸出企業割合**の推移を確認すると、中小企業の直接輸出企業割合は長期的に増加しているが、足元では**横ばいで**推移している（図表１－２－５参照）。

図表1-2-5　企業規模別に見た、直接輸出企業割合の推移

資料：経済産業省「企業活動基本調査」再編加工
(注) ここでいう直接輸出企業とは、直接外国企業との取引を行う企業である。

(『中小企業白書2022年版』中小企業庁編　p.Ⅰ-34をもとに作成)

- 中小企業の**輸出額**および売上高に占める輸出額の割合（**売上高輸出比率**）の推移を確認すると、ともに2016年度までおおむね増加傾向であったが、その後は**減少**傾向に転じている（図表1-2-6参照）。

図表1-2-6 中小企業の業種別輸出額および売上高輸出比率の推移

資料:経済産業省「企業活動基本調査」再編加工
(注)売上高輸出比率は、中小企業の売上高に占める中小企業の輸出額(製造業・非製造業の合算)を算出したもの。

(『中小企業白書2022年版』中小企業庁編 p.Ⅰ-35をもとに作成)

- 企業規模別の**直接投資企業割合**の推移を確認すると、中小企業の直接投資企業割合についても長期的に増加傾向にあるものの、足元では**横ばい**となっている(図表1-2-7参照)。

中小企業経営・中小企業政策

図表１－２－７　企業規模別に見た、直接投資企業割合の推移

資料：経済産業省「企業活動基本調査」再編加工

(『中小企業白書2022年版』中小企業庁編　p.Ⅰ-35をもとに作成)

② 雇用の動向
- 総務省「労働力調査」、厚生労働省「職業安定業務統計」に基づき、完全失業率と有効求人倍率の推移を確認すると、**完全失業率**は、2009年中頃をピークに長期的に低下傾向で推移してきたが、2020年に入ると上昇傾向に転じ、その後は再び低下傾向で推移している。また、**有効求人倍率**も、2020年に入り大きく低下したものの、再び緩やかな上昇傾向となっている。
- 総務省「労働力調査」に基づき、雇用者数の動きについて、雇用形態別に雇用者数の前年差の推移を確認すると、「正規の職員・従業員」の雇用者数は2015年から毎年前年から増加しているのに対して、「**非正規の職員・従業員**」の雇用者数は2020年に大きく**減少**し、2021年も2020年と比べて減少幅が小さいものの、引き続き前年から**減少**している。
- 総務省「令和２年国勢調査」に基づくと、2020年10月１日現在における我が国の**人口**は１億2,614万６千人であり、2015年と比較して94万９千人**減少**した。**人口増減率**は、第２次ベビーブームにより、1970〜1975年に7.0%を記録して以降は増加幅が縮小し、2010〜2015年には、1970年以降、**初めての人口減少**

となった。2015～2020年も引き続き人口減少となっているが、**減少幅はやや縮小した**。
- 総務省「令和2年国勢調査」に基づき、年齢3区分別の人口の割合の推移を確認すると、2020年における生産年齢人口（15歳～64歳）の割合は、1970年以降初めて**60%を下回った**。また、年少人口（15歳未満）の割合は調査開始後、過去最低を更新する一方で、老年人口（65歳以上）の割合は1970年以降、過去最高を更新している状況にもあり、生産年齢人口が減少する傾向は将来にわたって継続することが見込まれる。

③ 事業継続計画（BCP）の取組

災害に代表されるような不測の事態が発生しても、重要な業務を中断させることなく、また中断が生じても可能な限り短期間で復旧させるために、方針や体制および手順を示した「事業継続計画」（BCP：Business Continuity Plan）（以下、「**BCP**」という。）について、その取組状況を確認する。
- 中小企業における直近3年間のBCPの策定状況を確認すると、策定している企業は毎年増加傾向にあるものの、**半数近くは時期によらず「策定していない」**と回答している（図表1－2－8照）。

図表1－2－8　事業継続計画（BCP）の策定状況の推移（中小企業）

資料：（株）帝国データバンク「事業継続計画(BCP)に対する企業の意識調査」（2019年5月、2020年5月、2021年5月）

（『中小企業白書2022年版』中小企業庁編　p.Ⅰ-64をもとに作成）

中小企業経営・中小企業政策

- BCPを「策定している」と回答した企業が感じている効果を確認すると、図表1-2-9に見るように、「**従業員のリスクに対する意識が向上した**」という回答が半数以上存在するほか、「事業の優先順位が明確」や「業務の定型化・マニュアル化」「業務の改善・効率化」など、日頃の業務改善にも効果が表れていることが見て取れる。また「**取引先からの信頼**」といったように、自社の価値向上にもつながっていることが示唆される。

図表1-2-9 事業継続計画（BCP）を策定したことによる効果（中小企業）

資料：（株）帝国データバンク「事業継続計画(BCP)に対する企業の意識調査」（2021年5月）
（注）1.事業継続計画(BCP)を「策定している」を回答した企業に対して聞いたもの。
2.複数回答のため、合計しても100%にならない。

（『中小企業白書2022年版』中小企業庁編 p.Ⅰ-67をもとに作成）

- BCPを「策定していない」と回答した企業における、その理由を確認すると、図表1-2-10に見るように、「**策定に必要なスキル・ノウハウがない**」や「実践的に使える計画にすることが難しい」など、BCPに対する敷居の高さが存在する可能性が示唆される。一方で、「策定する人材や時間の確保ができない」や「策定の効果が期待できない」に加え、2割程度が「**必要性を感じない**」と回答するなど、BCPに対する優先度が高くないことが示唆される。

図表1－2－10　事業継続計画（BCP）を策定しない理由（中小企業）

資料：（株）帝国データバンク「事業継続計画(BCP)に対する企業の意識調査」（2021年5月）
（注）1.事業継続計画(BCP)を「策定していない」と回答した企業に対して聞いたもの。
2.複数回答のため、合計しても100％にならない。

（『中小企業白書2022年版』中小企業庁編　p.Ⅰ-68をもとに作成）

④　労働生産性と分配
- 財務省「令和2年度法人企業統計調査年報」再編加工に基づき、企業規模別に上位10％、中央値、下位10％の労働生産性の水準を確認すると、いずれの区分においても、企業規模が大きくなるにつれて、労働生産性が高くなっている。しかし、**中小企業の上位10％の水準は大企業の中央値を上回って**おり、中小企業の中にも高い労働生産性の企業が一定程度存在している。反対に、**大企業の下位10％の水準は中小企業の中央値を下回って**おり、企業規模は大きいが労働生産性の低い企業も存在している。
- 財務省「令和2年度法人企業統計調査年報」再編加工に基づき、企業規模別、業種別に労働生産性の中央値を比較すると、業種にかかわらず、**企業規模が大きくなるにつれて労働生産性が高く**なっている。
- 図表1－2－11は、大企業と中小企業の労働生産性の**差分**を用いて、労働生産性の規模間格差を業種別に示したものである。同図表を見ると、「**建設業**」「情報通信業」「卸売業」では大企業と中小企業の労働生産性の格差が**大きい**ことがわかる。一方で、

「小売業」「宿泊業、飲食サービス業」**「生活関連サービス業、娯楽業」**では、大企業も含め業種全体での労働生産性が低いこともあり、企業規模間の格差は比較的**小さい**。

図表1-2-11　業種別に見た、労働生産性の規模間格差（差分）

資料：財務省「令和2年度法人企業統計調査年報」再編加工
（注）数値は、大企業と中小企業の労働生産性（中央値）の差分を示している。

（『中小企業白書2022年版』中小企業庁編　p.Ⅰ-74をもとに作成）

- 企業規模別に、**労働分配率**（企業が生み出した付加価値額のうち、どれだけが労働者に分配されているかを表す指標）の推移を確認すると、大企業に比べて、中規模企業および小規模企業では、長年にわたって**高止まり**している（図表1-2-12参照）。

(『中小企業白書2022年版』中小企業庁編　p.Ⅰ-77をもとに作成)

⑤　経営資源の有効活用
1）休廃業・解散の動向と経営者の高齢化
- (株)東京商工リサーチ「2021年「休廃業・解散企業」動向調査」に基づき、**休廃業・解散企業の代表者年齢**を確認すると、2021年は**70代**の割合が最も高く、42.7%となっている。また、**70代以上が全体に占める割合**は年々高まっており、2021年は**6割超**となっている。
- 休廃業・解散企業の損益別構成比を確認すると、図表1-2-13に見るように、2014年以降一貫して**過半数の休廃業・解散企業が黒字企業**となっている。一方で、2021年は黒字企業の割合が前年から**低下**し、6割未満となっている。

中小企業経営・中小企業政策

図表 1 − 2 − 13 休廃業・解散企業の損益別構成比

資料：(株)東京商工リサーチ「2021年「休廃業・解散企業」動向調査」
(注)損益は休廃業・解散する直前期の決算の当期純利益に基づいている。なお、ここでいう直前期の決算は休廃業・解散から最大2年の業績データを遡り、最新のものを採用している。

(『中小企業白書2022年版』中小企業庁編　p.Ⅰ-87をもとに作成)

2) 中小企業のM&Aの動向
- 中小企業におけるM&Aの実施状況を確認すると、中小企業M&A仲介上場3社((株)日本M&Aセンター、(株)ストライク、M&Aキャピタルパートナーズ(株))、事業承継・引継ぎ支援センターのいずれも、成約件数が**増加**傾向にある（図表1−2−14照）。

図表1-2-14 中小企業のM&A実施状況

資料：中小企業庁「中小M&A推進計画」
（注）「中小企業M&A仲介上場3社」とは、株式会社日本M&Aセンター、株式会社ストライク、M&Aキャピタルパートナーズ株式会社について、集計したものである。

（『中小企業白書2022年版』中小企業庁編　p.Ⅰ-97をもとに作成）

第3章　中小企業白書2022年版第2部：新たな時代へ向けた自己変革力

❶ 中小企業における足下の感染症への対応

① 感染症がもたらした企業業績への影響

- 陸運業、小売業、宿泊業、飲食サービス業、生活関連サービス業、娯楽業、医療福祉業の7業種は、①手元資産、②自己資本比率、③赤字転落の減収率の三つの財務指標から、感染症の影響を特に大きく受けた業種との指摘がある。図表1-3-1は、2019年同期比の営業利益を見たものであり、**飲食サービス業、宿泊業、生活関連サービス業**において、大半の時期で**営業利益が大きく減少**している。

中小企業経営・中小企業政策

図表1−3−1　業種別に見た、中小企業の営業利益（2019年同期比）

資料：財務省「法人企業統計調査季報」　　　　　　　　　　　　　　　　（年/四半期）
（注）1.ここでいう中小企業とは資本金1千万円以上1億円未満の企業とする。
　　2.2019年の一社当たりの営業利益がマイナス値であった場合、2019年同期比営業利益は算出ができず、欠損値となっている。

（『中小企業白書2022年版』中小企業庁編　p.Ⅱ-9をもとに作成）

- 図表1−3−2は、業種別に2019年比の中小企業の借入金を見たものである。**飲食サービス業、小売業、生活関連サービス業**において、2019年と比べて**借入金が増加**しており、特に飲食サービス業においては、2021年第2四半期に、2019年から倍増している。足元においても、2021年第4四半期は多くの業種で借入金が増加しており、感染症下における資金繰りを借入金で賄っていることが示唆される。

149

図表1-3-2 業種別に見た、中小企業の借入金(2019年同期比)

資料:財務省「法人企業統計調査季報」 (年/四半期)
(注) 1.ここでいう中小企業とは資本金1千万円以上1億円未満の企業とする。
2.借入金は長期借入金と短期借入金の合計。

(『中小企業白書2022年版』中小企業庁編 p.Ⅱ-10をもとに作成)

- 図表1-3-3は、「『新型コロナウイルス』関連破たん状況」を示したものであり、2022年2月28日時点で、新型コロナウイルス関連の破たん(負債1,000万円以上)は累計2,827件(倒産2,696件、弁護士一任・準備中131件)となっている。業種別に見ると、**飲食店**が最多で480件、次いで**建設業**が302件となっている。

図表1－3－3　新型コロナウイルス関連破たんの業種別判明件数

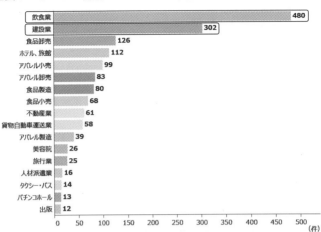

資料：（株）東京商工リサーチ『「新型コロナウイルス」関連破たん状況』（2022年2月28日時点）
(注) 1.負債1,000万円以上の法的整理、私的整理を対象に集計されたもの（準備中を含む）。
2.（株）東京商工リサーチの取材で2020年1月から2022年2月末までに集計された経営破たん。
3.新型コロナウイルス関連破たんとは、（株）東京商工リサーチの取材で担当弁護士や当事者から新型コロナウイルスが要因であると言質が取れた経営破たん。

（『中小企業白書2022年版』中小企業庁編　p.Ⅱ-15をもとに作成）

② 感染症下の中小企業政策
- 感染症の影響を受ける事業者の事業継続を下支えするため、**持続化給付金**や**家賃支援給付金**による支援が実施された。中小企業庁調べに基づく、それぞれの支給実績は図表1－3－4・5のとおりである。

図表１－３－４　「持続化給付金」の支給実績のまとめ

申請件数・給付件数の推移	事業終了の2021年3月末時点で全体の申請件数は約441万件、給付件数は約424万件、給付総額は約5.5兆円となった。
都道府県別給付実績（構成比・上位３つ）	①東京都17.2％、②大阪府8.6％、③神奈川県6.5％。
業種別給付実績（構成比・上位３つ）	①建設業19.3％、②卸売業・小売業12.7％、③宿泊業・飲食サービス業12.6％。
給付対象企業における資本金別売上減少率	資本金が250万円以下の企業を売上減少率が小さい順に並べ変えて分布を見た場合、75％の位置にある企業の売上減少率は約９割を占めている。⇒持続化給付金は、単月で50％以上の売上減少が支給基準のひとつとなっているが、基準を大きく超えて売上げが減少した企業が多くなっている。

（『中小企業白書2022年版』中小企業庁編　p.Ⅱ-40〜44をもとに作成）

図表１－３－５　「家賃支援給付金」の支給実績のまとめ

申請件数・給付件数の推移	事業終了の2021年3月末時点で全体の申請件数は約108万件、給付件数は約104万件、給付総額は約9,000億円となった。
都道府県別給付実績（構成比・上位３つ）	①東京都24.9％、②大阪府11.4％、③神奈川県7.2％。
業種別給付実績（構成比・上位３つ）	①宿泊業・飲食サービス業26.8％、②卸売業・小売業13.9％、③建設業9.9％。

（『中小企業白書2022年版』中小企業庁編　p.Ⅱ-45〜47をもとに作成）

③　感染症下の事業再構築
- （株）東京商工リサーチ「中小企業の経営理念・経営戦略に関するアンケート」（2021年11〜12月）に基づき、感染症下における事業再構築の実施状況を確認すると、「既に行っている」と回

中小企業経営・中小企業政策

答した企業の割合は12.7％、「１年以内に行う予定」と回答した企業の割合は9.8％であり、事業再構築を実施済み、または実施予定の企業は合わせて22.5％（**約２割**）となっている。

● 事業再構築の実施状況を業種別に確認すると、図表１－３－６に見るように、**宿泊業・飲食サービス業**において特に事業再構築を行っている割合が高くなっている。また、実施予定の企業を含めると、**小売業**や**生活関連サービス業・娯楽業**の割合が高くなっている。これらの業種は感染症流行の影響をより受けた業種でもあり、**売上減少が続く中で事業再構築を実施している**様子がうかがえる。

図表１－３－６　事業再構築の実施状況（業種別）

業種	n	既に行っている	1年以内に行う予定	行う予定はない
宿泊業・飲食サービス業	(n=87)	21.8%	19.5%	58.6%
小売業	(n=361)	15.8%	12.5%	71.7%
不動産・物品賃貸業	(n=265)	14.0%	9.8%	76.2%
生活関連サービス業・娯楽業	(n=109)	13.8%	13.8%	72.5%
運輸・郵便業	(n=367)	13.1%	9.3%	77.7%
情報通信業	(n=393)	13.0%	9.2%	77.9%
卸売業	(n=390)	12.8%	9.7%	77.4%
学術研究専門・技術サービス業	(n=488)	12.7%	5.5%	81.8%
製造業	(n=1,647)	12.1%	10.6%	77.4%
建設業	(n=394)	10.7%	8.9%	80.5%
その他	(n=723)	11.3%	9.3%	79.4%

10%　20%　30%　40%　50%　60%　70%　80%　90%

■ 既に行っている　■ 1年以内に行う予定　■ 行う予定はない

資料：（株）東京商工リサーチ「中小企業の経営理念・経営戦略に関するアンケート」
（注）1.ここでいう事業再構築とは、新たな製品を製造又は新たな商品若しくはサービスを提供すること、製品又は商品若しくはサービスの製造方法又は提供方法を相当程度変更することを指す。
2.新型コロナウイルス感染症流行後（2020年2月以降）に事業再構築を行っているかについて聞いている。

（『中小企業白書2022年版』中小企業庁編　p.Ⅱ-59をもとに作成）

● 実際に行われた、または行われる予定の事業再構築はどういったものであるのかを確認すると、「**既存**の市場・販路×**新規**の製

品・商品・サービス」の回答割合が最も高くなっている（図表1-3-7参照）。

なお、ここでは事業再構築の内容を3つに分類している。各分類の例示は以下のとおりである。

① 既存の市場・販路×新規の製品・商品・サービス
（例：ヨガ教室においてオンライン配信サービスを新たに開始）
② 新規の市場・販路×既存の製品・商品・サービス
（例：卸売業者がECサイトを通じた個人客向けの販売を新たに開始）
③ 新規の市場・販路×新規の製品・商品・サービス
（例：航空機部品製造業者が半導体関連部品の製造を開始）

図表1-3-7　事業再構築の内容

資料：（株）東京商工リサーチ「中小企業の経営理念・経営戦略に関するアンケート」
（注）事業再構築について「既に行っている」、「1年以内に行う予定」と回答した企業に対して聞いている。

（『中小企業白書2022年版』中小企業庁編　p.Ⅱ-61をもとに作成）

❷▶企業の成長を促す経営力と組織

① ブランドの構築・維持に向けた取組
1）ブランドの構築・維持のための取組
- （株）東京商工リサーチ「中小企業の経営理念・経営戦略に関するアンケート」に基づき、ブランドの構築・維持のための取組についての実施有無を確認すると、取組を実施している企業は**3分の1**程度となっている。
- ブランドの構築・維持のための取組についての取引先属性別に確認すると、**消費者向け（B to C）**の販売が多い企業のほうがブ

中小企業経営・中小企業政策

ランドの構築・維持のための取組を実施している割合が高い（図表1－3－8参照）。

図表1－3－8　取引先属性別に見た、ブランドの構築・維持のための取組の有無

資料：（株）東京商工リサーチ「中小企業の経営理念・経営戦略に関するアンケート」
(注) 顧客構成について、事業者向け(BtoB)と消費者向け(BtoC)のどちらが多いかを聞いている。

（『中小企業白書2022年版』中小企業庁編　p.Ⅱ-72をもとに作成）

- ブランドの構築・維持のための取組の実施有無別に、**売上総利益率**の水準を確認すると、**取組を行っている企業**のほうが、取組を行っていない企業と比較して売上総利益率の水準がやや高い（図表1－3－9参照）。⇒ブランドの構築・維持に取り組むことにより、差別化が図られ、取引価格の維持・引上げが可能となり、売上総利益率の向上など企業業績へのプラスの影響が生まれている可能性が考えられる。

図表1-3-9　ブランドの構築・維持のための取組の有無別に見た、売上総利益率の水準（2021年）

資料：（株）東京商工リサーチ「中小企業の経営理念・経営戦略に関するアンケート」
(注) 1.売上総利益率＝売上総利益÷売上高
2.売上総利益率の水準とは、2021年の中央値を見たものである。

（『中小企業白書2022年版』中小企業庁編　p.Ⅱ-73をもとに作成）

2）中小企業における商標権の活用
- 中小企業における知的財産権の出願動向を確認すると、**商標**登録出願件数における、中小企業が占める割合が60％を超え、特許出願件数に占める割合などと比較して高くなっており、中小企業においては、知的財産権の中でも商標取得に対する意識はある程度高いものと推察される（図表1-3-10参照）。

中小企業経営・中小企業政策

図表1−3−10 中小企業の出願件数比率の推移

資料：特許庁「行政年次報告書2021年版」
(注) 内国人出願における中小企業の出願件数比率。

(『中小企業白書2022年版』中小企業庁編 p.Ⅱ-84をもとに作成)

- 自社のブランドを保護する上では、商標の活用が重要となる。実際に、水際における輸入模倣品の取締りにおいては、**商標権**に基づくものが全体の90％を超えるなど圧倒的に多くなっている（図表1−3−11参照）。

図表1−3−11 知的財産権に基づく輸入差止め件数実績

資料：財務省ホームページ「知的財産権に基づく輸入差止め件数実績」

(『中小企業白書2022年版』中小企業庁編　p.Ⅱ-85をもとに作成)

3) デザイン経営

デザイン経営とは、デザインを企業価値向上のための重要な経営資源として活用する経営である。ここでいうデザインには、ブランド構築に資するデザインとイノベーションに資するデザインの2つがあり、前者は企業が大切にしている価値や意志を表現する営み、後者は顧客の潜在ニーズを基に事業を構想する営みとして捉えられている。デザイン経営のための具体的な取組としては、経営者や経営層がデザイン責任者となり、商品・サービス・事業開発の上流工程や、経営戦略の策定段階からデザインの専門人材を活用することなどがある。

- (株) 東京商工リサーチ「中小企業の経営理念・経営戦略に関するアンケート」に基づき、デザイン経営の認知状況およびデザイン経営の取組状況を確認すると、認知状況によらず、既に取り組んでいる企業の割合は12.2％にとどまっている。また、デザ

中小企業経営・中小企業政策

イン経営について「元々知っている」と回答した企業の割合も13.7%となっており、**デザイン経営の認知度は一部にとどまっている。**

- デザイン経営に取り組むことよる**効果**を確認すると、「**企業のブランド構築やブランド力向上**」「魅力ある商品・サービス・事業の創出」「従業員の意欲や自社への愛着心の向上」と回答した企業の割合が高くなっている（図表1－3－12参照）。⇒デザイン経営に取り組むことにより、ブランド力の向上が図られるだけでなく、新たな商品などの創出によるイノベーションや従業員の意欲向上といったインターナル・ブランディングにもつながっていると考えられる。

図表1－3－12　デザイン経営による効果

資料：（株）東京商工リサーチ「中小企業の経営理念・経営戦略に関するアンケート」
（注）1.複数回答のため、合計は必ずしも100%にならない。
2.デザイン経営について、「既に取り組み、定着している」と回答した企業を集計対象としている。

（『中小企業白書2022年版』中小企業庁編　p.Ⅱ-89をもとに作成）

② 人的資本への投資と組織の柔軟性
1）能力開発への意識と取組
- 直面する経営課題のうち**重視する経営課題**について確認すると、「**人材**」についての経営課題を重要と認識している割合が8割超

と最も高く、経営者の「人材」に対する関心が特に高いことがわかる（図表1-3-13参照）。

図表1-3-13　重視する経営課題

課題	割合
人材	82.7%
営業・販路開拓	59.7%
組織	39.8%
商品・サービスの開発・改善	37.3%
財務	33.0%
技術・研究開発	27.3%
生産・製造	25.8%
ICT活用	24.1%
その他	0.8%
特になし	0.4%

(n=4,300)

資料：（株）帝国データバンク「中小企業の経営力及び組織に関する調査」
（注）複数回答のため、合計は必ずしも100%にならない。

（『中小企業白書2022年版』中小企業庁編　p.Ⅱ-95をもとに作成）

● （株）帝国データバンク「中小企業の経営力及び組織に関する調査」に基づき、業種別の「計画的なOJT研修」「OFF-JT研修」「自己啓発支援」の実施有無をまとめると、図表1-3-14のようになる。

中小企業経営・中小企業政策

図表1－3－14　業種別の「計画的なOJT研修」「OFF-JT研修」「自己啓発支援」の

	実施率（高）	実施率（低）
計画的なOJT研修	情報通信業（53.4％）が最も高く、次いで製造業（47.5％）が高い。	卸売業（37.8％）が最も低く、次いで小売業（39.7％）が低い。
OFF-JT研修	情報通信業（49.2％）が最も高く、次いで建設業（48.7％）が高い。	卸売業（37.6％）が最も低く、次いで小売業（40.0％）が低い。
自己啓発支援	建設業（65.9％）が最も高く、次いで情報通信業（65.5％）が高い。	小売業（47.8％）が最も低く、次いで製造業（48.1％）が低い。

（『中小企業白書2022年版』中小企業庁編　p.Ⅱ-102、104、108をもとに作成）

2）人事評価制度、賃金制度、福利厚生施策
- 従業員規模別に、導入している人事評価制度の手法を確認すると、半数以上の企業で、**目標管理制度**が導入されている（図表1－3－15参照）。

図表1−3−15 従業員規模別に見た、導入している人事評価の手法

資料：(株)帝国データバンク「中小企業の経営力及び組織に関する調査」
(注) 1. 人事評価制度の有無について、「ある」と回答した者に対する質問。
2. 複数回答のため、合計は必ずしも100%にならない。

(『中小企業白書2022年版』中小企業庁編　p.Ⅱ-115をもとに作成)

- 従業員規模別に、導入している賃金制度・給与体系について確認すると、いずれの規模においても、**職能給**を中心に年齢給や職務給を組み合わせながら、賃金制度を整備している様子が見て取れる（図表1−3−16参照）。

中小企業経営・中小企業政策

図表1－3－16　従業員規模別に見た、導入している賃金制度・給与体系

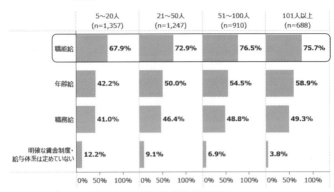

資料：（株）帝国データバンク「中小企業の経営力及び組織に関する調査」
（注）複数回答のため、合計は必ずしも100％にならない。

（『中小企業白書2022年版』中小企業庁編　p.Ⅱ-119をもとに作成）

- 実施している福利厚生施策について確認すると、「**慶弔休暇**」や「**慶弔見舞金**」「**育児休業**」が上位となっており、多くの企業で実施している（図表1－3－17参照）。

図表1－3－17 実施している福利厚生施策

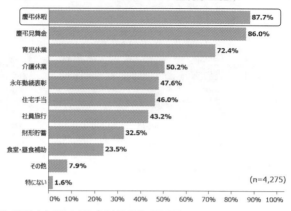

資料：(株)帝国データバンク「中小企業の経営及び組織に関する調査」
(注)複数回答のため、合計は必ずしも100%にならない。

(『中小企業白書2022年版』中小企業庁編 p.Ⅱ-123をもとに作成)

③ 中小企業経営者の経営力を高める取組
　1) 中小企業における経営理念・ビジョンの浸透
　　● Collins・Porras（1995）は、経営理念・ビジョンとは、①**コアバリュー**、②**パーパス**、③**ミッション**の3つの要素で構成されると説明し、経営理念・ビジョンと経営戦略、経営戦術の関係を示している（図表1－3－18参照）。その中で、優れた企業が持つ経営理念・ビジョンとして、「**明確さ**」（組織内できちんと理解されていること）と、「**共有**」（組織成員が賛同し、組織に浸透していること）の2つの条件を指摘し、これらが満たされることで経営理念・ビジョンが初めて真の効果を発揮すると説明している。他方で、2つの条件を満たしていない組織は、取り巻く環境の変化や課題に対する経営戦略が曖昧となり、対症療法的な経営判断や戦術遂行とならざるを得ないと指摘している。

中小企業経営・中小企業政策

図表1-3-18　経営理念・ビジョンの構成要素

(『中小企業白書2022年版』中小企業庁編　p.Ⅱ-141をもとに作成)

- 経営理念・ビジョンを策定した**動機・きっかけ**を確認すると、約4割の企業が「**事業の継承・経営者の交代**」を機に策定している(図表1-3-19参照)。

図表1－3－19　経営理念・ビジョンを策定した動機・きっかけ

資料：（株）東京商工リサーチ「中小企業の経営理念・経営戦略に関するアンケート」
（注）1.経営理念・ビジョンを明文化している企業に聞いたもの。
2.複数回答のため合計が100%とならない。

(『中小企業白書2022年版』中小企業庁編　p.Ⅱ-149をもとに作成)

2）事業環境の分析を踏まえた経営戦略の策定
- 過去に事業領域を見直した経験があると回答した企業について、見直した時期を確認すると、**リーマン・ショック**や東日本大震災、新型コロナウイルス感染症拡大を契機としている企業が多い（図表1－3－20参照）。⇒経済ショックなどが起こった際には、売上げ、利益の減少や、サプライチェーンへの影響といった企業の事業継続に係る影響が生じることから、事業領域の見直しを迫られたものと推察される。

図表1−3−20 事業領域を見直した時期

資料：(株)東京商工リサーチ「中小企業の経営理念・経営戦略に関するアンケート」

(『中小企業白書2022年版』中小企業庁編　p.Ⅱ-173をもとに作成)

3）中小企業経営者の経営力を高める取組
- 経営者就任時の年齢別に、経営者就任前に経験した職域について確認すると、図表1−3−21に見るように、就任時の年齢にかかわらず、「**営業**」を経験している割合が最も高い。一方、「**経営幹部**」は、就任時の年齢による差異が大きく、30代以下では2割程度であるのに対し、**60代以上では5割を超えている。**

図表1-3-21 就任時の年齢別に見た、経営者就任前に経験した職域

資料：(株)帝国データバンク「中小企業の経営力及び組織に関する調査」
(注) 複数回答のため、合計は必ずしも100%にならない。

(『中小企業白書2022年版』中小企業庁編　p.Ⅱ-191をもとに作成)

- 利益の主な使い道別に、**売上高増加率**について確認すると、利益の主な使い道について、「**研究開発**」や「**設備投資**」「**従業員に還元**」としている企業では、売上高増加率が相対的に**高く**、こうした投資行動が企業の成長につながっている可能性が示唆される一方で、「**内部留保**」としている企業では、売上高増加率が相対的に**低い**（図表1-3-22参照）。

図表1−3−22 利益の主な使い道別に見た、売上高増加率（中央値）

資料：（株）帝国データバンク「中小企業の経営力及び組織に関する調査」
(注) 1.売上高増加率は2015年と2020年を比較したものである。
2.利益の主な使い道は、現在の状況を尋ねたものである。
3.利益の主な使い道について、「その他」と回答した者を除いて集計している。

（『中小企業白書2022年版』中小企業庁編 p.Ⅱ-195をもとに作成）

④ 中小企業が対応を迫られる外部環境
  1) 海外展開
   ● 感染症流行の影響が長引く中で、中小企業が海外展開において感じている課題について確認すると、「**販売先の確保**」と回答した企業の割合が最も高い（図表1−3−23参照）。

図表 1 - 3 - 23 海外展開実施企業が最も強く感じている課題

資料：(株)東京商工リサーチ「中小企業の経営理念・経営戦略に関するアンケート」
(注) ここでいう海外展開実施企業とは、海外展開の実施状況及び今後の意向について、「海外展開を行っており、今後は更に拡大を図る」、「海外展開を行っており、今後は現状を維持する」、「海外展開を行っているが、今後は縮小・撤退を検討する」と回答した企業を指す。

(『中小企業白書2022年版』中小企業庁編 p.Ⅱ-219をもとに作成)

2) 脱炭素化に向けた取組
- 脱炭素化に向けた取組を実施している企業の取組内容について確認すると、**「エネルギー効率の高い機器・設備の導入」**の回答割合が最も高くなっており、次いで「太陽光発電設備の設置」「電化の促進」「使用エネルギーの見える化」の回答割合が高くなっている(図表1-3-24参照)。

中小企業経営・中小企業政策

図表1−3−24　脱炭素化の取組内容

資料：（株）東京商工リサーチ「中小企業の経営理念・経営戦略に関するアンケート」
(注) 1. 複数回答のため合計は必ずしも100%にならない。
2. 脱炭素化の取組について、「過去5年以上前から実施」、「過去5年未満から実施」と回答した企業を集計している。

（『中小企業白書2022年版』中小企業庁編　p.Ⅱ-231をもとに作成）

- 脱炭素化を進めることによる効果を確認すると、**「光熱費・燃料費の低減」**の回答割合が最も高く、次いで「市場での競争力の強化」の回答割合が高い（図表1−3−25参照）。

図表1−3−25 脱炭素化を進めることによる効果

資料:(株)東京商工リサーチ「中小企業の経営理念・経営戦略に関するアンケート」
(注)1.複数回答のため合計は必ずしも100%にならない。
2.脱炭素化の取組について、「過去5年以上前から実施」、「過去5年未満から実施」と回答した企業を集計している。

(『中小企業白書2022年版』中小企業庁編 p.Ⅱ-234をもとに作成)

3) 過剰債務の現状とエクイティ・ファイナンスの検討
- 過去(直近5年間程度)における、資金調達の方法を確認すると、図表1−3−26に見るように、全体において、「**銀行等金融機関からの借入(社債含む)**」の回答割合が最も高い。一方で、増資による資金調達を実施した企業の割合は総じて低い。また、売上規模別では、1億円以上10億円未満の企業において、**補助金**を活用している企業の割合が高い。

中小企業経営・中小企業政策

図表1-3-26　成長投資のための資金調達の手段（売上規模別）

	全体	300億円以上、500億円未満	100億円以上、300億円未満	50億円以上、100億円未満	10億円以上、50億円未満	1億円以上、10億円未満
銀行等金融機関からの借入（社債含む）	59%	55%	48%	68%	61%	65%
新規の資金調達は実施していない（自己資金の範囲内で実施した）	20%	24%	24%	19%	22%	16%
国や地方自治体等からの補助金	22%	13%	16%	19%	20%	34%
会社関係者（経営陣やその家族、従業員等）個人からの借入（社債を含む）	16%	15%	18%	8%	12%	20%
第三者（会社関係者以外）を引受先とする増資（株式の新規発行）	8%	13%	12%	8%	5%	3%
会社関係者以外の個人からの借入（社債を含む）	6%	6%	9%	5%	6%	5%
会社関係者（経営陣やその家族、従業員等）を引受先とする増資（株式の新規発行）	6%	6%	10%	4%	6%	4%
自社で保有する株式（金庫株）の売却	3%	9%	4%	5%	1%	2%
その他	1%	1%	3%	2%	1%	0%

0% 50% 0% 50% 0% 50% 0% 50% 0% 50% 0% 50%

資料：中小企業庁「中小企業者のためのエクイティ・ファイナンスの基礎情報」
（注）1.複数回答のため、合計は必ずしも100%にならない。
2.回答数(n)は以下のとおり。全体：n=1,196、300億円以上、500億円未満：n=141、100億円以上、300億円未満：n=297、50億円以上、100億円未満：n=118、10億円以上、50億円未満：n=279、1億円以上、10億円未満：n=361。

（『中小企業白書2022年版』中小企業庁編　p.Ⅱ-248をもとに作成）

- エクイティ・ファイナンスを既に利用している企業に対し、その メリットを確認すると、「**資金繰りの安定化**」と回答した企業の 割合が最も高くなっており、次いで「ガバナンスの強化」や「出 資元からの人材面での支援」と回答した企業も一定数存在する （図表1-3-27参照）。

図表1−3−27　エクイティ・ファイナンスのメリット

資料：(株)東京商工リサーチ「中小企業の経営理念・経営戦略に関するアンケート」
(注) 1.複数回答のため合計は必ずしも100%にならない。
2.エクイティ・ファイナンスについて、「既に利用している」と回答した企業を集計対象としている。

(『中小企業白書2022年版』中小企業庁編　p.Ⅱ-252をもとに作成)

4) スタートアップ
- 起業家に対して、起業に当たり最も影響を受けた人を確認すると、「**身の回りにいた起業家（友人、先輩等）**」や「同じ思いの友人」の回答割合が高い（図表1−3−28参照）。

図表1−3−28　起業に当たり最も影響を受けた人

資料：一般財団法人ベンチャーエンタープライズセンター「ベンチャー白書2021」
(注) 1.アンケートの調査対象は設立5年以内のベンチャー企業1,514社。調査期間は2021年5月11日〜6月11日。
2.有効回答数はn=136。

(『中小企業白書2022年版』中小企業庁編　p.Ⅱ-258をもとに作成)

中小企業経営・中小企業政策

- 起業家が考える、日本で**起業が少ない原因**を確認すると、「**失敗に対する危惧**」の回答割合が最も高く、次いで「学校教育」「身近に起業家がいない」となっている（図表1－3－29参照）。⇒日本において起業を目指す人の数が増えていくためには、こうした失敗に対するリスクが抑えられることや、身近に起業を考える人が増えるような環境の整備が求められている。

図表1－3－29　日本で起業が少ない原因

原因	割合
失敗に対する危惧（起業に失敗すると再チャレンジが難しい等）	39.2%
学校教育（勇気ある行動への低い評価、課題を探し出す教育などの欠如等）	20.0%
身近に起業家がいない（起業と言う道を知らない等）	10.8%
世間の風潮（失敗すれば白い眼、成功しても尊敬される程度が低い等）	9.2%
家庭教育（安全・安定を求める親の思い、官庁・大企業への就職志向等）	8.5%
その他	12.3%

資料：一般財団法人ベンチャーエンタープライズセンター「ベンチャー白書2021」
（注）1.アンケートの調査対象は設立5年以内のベンチャー企業1,514社。調査期間は2021年5月11日～6月11日。
2.有効回答数はn＝130。

（『中小企業白書2022年版』中小企業庁編　p.Ⅱ-259をもとに作成）

❸▶共通基盤としての取引適正化とデジタル化、経営力再構築伴走支援

① 取引適正化と企業間取引

- 企業間取引におけるデジタル化の状況（リモート商談および電子受発注）について確認すると、図表1－3－30に見るように、いずれも**5割前後**の企業が既に対応済みとなっている。また、**リモート商談**については、2020年に対応した企業が3割超と高く、**感染症の流行を契機**に多くの企業が対応している。電子受発注については、4割程度の企業が2019年以前から対応している。

(『中小企業白書2022年版』中小企業庁編 p.Ⅱ-266をもとに作成)

② 中小企業におけるデジタル化とデータ利活用

（株）東京商工リサーチ「中小企業のデジタル化と情報資産の活用に関するアンケート」（2021年11〜12月）では、デジタル化の取組状況を、①紙や口頭による業務が中心で、デジタル化が図られていない状態（段階1）、②アナログな状況からデジタルツールを利用した業務環境に移行している状態（段階2）、③デジタル化による業務効率化やデータ分析に取り組んでいる状態（段階3）、④デジタル化によるビジネスモデルの変革や競争力強化に取り組んでいる状態（段階4）の4段階に分けて調査している（図表1－3－31参照）。

中小企業経営・中小企業政策

図表1-3-31　デジタル化の取組段階

段階4	デジタル化によるビジネスモデルの変革や競争力強化に取り組んでいる状態 （例）システム上で蓄積したデータを活用して販路拡大、新商品開発を実践している
段階3	デジタル化による業務効率化やデータ分析に取り組んでいる状態 （例）売上・顧客情報や在庫情報などをシステムで管理しながら、業務フローの見直しを行っている
段階2	アナログな状況からデジタルツールを利用した業務環境に移行している状態 （例）電子メールの利用や会計業務における電子処理など、業務でデジタルツールを利用している
段階1	紙や口頭による業務が中心で、デジタル化が図られていない状態

（『中小企業白書2022年版』中小企業庁編　p.Ⅱ-288をもとに作成）

- デジタル化の取組状況別に、デジタル化に取り組む際の**課題**を確認すると、図表1-3-32に見るように、段階2～4いずれも**「費用対効果が分からない・測りにくい」**の回答割合が最も高い。通常の設備投資と異なり、IT投資の場合には定量的な評価が困難なケースが多いことから、適切な費用対効果の測定に悩んでいる様子がうかがえる。一方で、**段階1**の企業は、**「デジタル化を推進できる人材がいない」**の回答割合が最も高い。

図表1−3−32 デジタル化の取組状況別に見た、デジタル化に取り組む際の課題

資料：（株）東京商工リサーチ「中小企業のデジタル化と情報資産の活用に関するアンケート」
(注) 1.回答数(n)は以下のとおり。段階4：n=471、段階3：n=2,180、段階2：n=1,611、段階1：n=373。
2.デジタル化の取組状況として「分からない」と回答した企業を除いている。
3.デジタル化の取組状況とは現在（2021年時点）におけるデジタル化の状況を指している。
4.複数回答のため合計が100%とならない。

（『中小企業白書2022年版』中小企業庁編　p.Ⅱ-312をもとに作成）

- 段階2〜4の企業における、デジタル化による取組効果を確認すると、いずれも**「営業力・販売力の維持・強化」**の回答割合が最も高い（図表1−3−33参照）。

図表1−3−33 デジタル化の取組状況別に見た、デジタル化による取組効果

資料：（株）東京商工リサーチ「中小企業のデジタル化と情報資産の活用に関するアンケート」
（注）1.回答数(n)は以下のとおり。段階4：n=478、段階3：n=2,161、段階2：n=1,625。
2.取組状況とは現在（2021年時点）におけるデジタル化の状況を指している。
3.「デジタル化に向けた取組を行っていない」「分からない」と回答した企業は除いている。
4.複数回答のため合計が100%とならない。

（『中小企業白書2022年版』中小企業庁編 p.Ⅱ-320をもとに作成）

③ 経営力再構築伴走支援などの中小企業に対する支援の在り方
- 事業の成長、持続的発展を目指す中小企業、小規模事業者を支援する際に生じる問題点検型のアプローチの課題を解消するためには、まず目先にある問題の解決を目的に据えるのではなく、経営者の自己変革力、潜在力を引き出し、経営力を強化・再構築することを目的とすべきである。**経営力再構築伴走支援**を実施するに当たって踏まえるべきは、図表1−3−34に示す3要素である。経営者自らが自己変革を進めるためには、支援機関との対話を通

じて、**経営課題を設定**することが重要であり、そのためには、第三者である支援者・支援機関が、経営者等との信頼関係を築き、対話を重視した伴走支援を行うことが有効である。

図表1-3-34　経営力再構築伴走支援モデルの3要素

要素1	支援に当たっては対話と傾聴を基本的な姿勢とすることが望ましい。
要素2	経営者の「自走化」のための内発的動機づけを行い、「潜在力」を引き出す。
要素3	具体的な支援手法(ツール)は自由であり多様であるが、相手の状況や局面によって使い分ける。

(『中小企業白書2022年版』中小企業庁編　p.Ⅱ-381をもとに作成)

- 経営者、およびその支援者が取るべき基本的なプロセスは、「経営課題の設定→課題解決策の検討→実行→検証」であり、図表1-3-35のように、**課題設定を「入口」**として課題解決を「出口」とするものである。

図表1-3-35　経営支援における基本的なプロセス

(『中小企業白書2022年版』中小企業庁編　p.Ⅱ-376をもとに作成)

中小企業経営・中小企業政策

第4章 小規模企業白書2022年版第2部： 新たな時代へ向けた事業の見直しと地域内連携

❶ ▶ 小規模事業者の事業見直し ･･････････････････････････

① 現下の事業見直し

　　感染症下で小規模事業者が取り組んだ売上回復・維持・向上のための取組（以下、「事業見直し」という。）について確認する。

　　ここでは、事業見直しの取組を図表1－4－1のとおり、①既存の市場に既存の製品・商品・サービスを投入する**市場浸透**の取組、②既存の市場に新規の製品・商品・サービスを投入する**新商品開発**の取組、③新規の市場に既存の製品・商品・サービスを投入する**新市場開拓**の取組、④新規の市場に新規の製品・商品・サービスを投入する**多角化**の取組の4つに分類する。

　　なお、ここでは、特に言及しない限り、「感染症により売上げにマイナスの影響を受けた小規模事業者」について取り上げる。

図表1－4－1　事業見直しの4分類

	既存の市場	新規の市場
既存の製品・商品・サービス	**市場浸透**	**新市場開拓**
新規の製品・商品・サービス	**新商品開発**	**多角化**

（『小規模企業白書2022年版』中小企業庁編　p.Ⅱ-10をもとに作成）

● 事業見直しに取り組んだ小規模事業者に対し、事業見直しの4分類のうち、取組がどの分類に該当するのかを確認すると、「**市場浸透**」に取り組んだ小規模事業者が69.6％と最も高く、次いで「新商品開発」が53.5％、「新市場開拓」が40.9％、「多角化」が17.2％となっている（図表1－4－2参照）。

181

図表1−4−2 事業見直しに係る4分類の取組状況

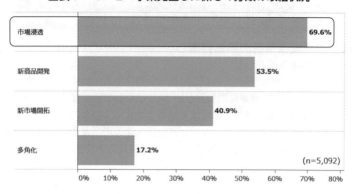

資料:三菱UFJリサーチ&コンサルティング(株)「小規模事業者の地域での連携や課題解決への取組に関する調査」
(注)1.複数回答のため、合計は必ずしも100%とならない。
2.事業見直しに係る4分類の具体的な取組内容のうち、各分類の具体的な取組にいずれか一つ以上取り組んだ場合、その分類に取り組んだものとして集計している。
3.感染症による売上げへの影響に「ある程度マイナスの影響を受けた」、「大きくマイナスの影響を受けた」と回答した小規模事業者を集計している。

(『小規模企業白書2022年版』中小企業庁編 p.Ⅱ-13をもとに作成)

- 事業見直しの実施による**経営への効果**を確認すると、「**自身の事業を見つめ直す機会となった**」が49.1%で最も高く、次いで「新たな取引が生まれた」(40.6%)、「支援機関とのつながりができた」(35.0%)、「既存取引先との関係性の強化につながった」(23.1%)が高い(図表1−4−3参照)。

中小企業経営・中小企業政策

図表1-4-3 事業見直しの実施による経営への効果

資料：三菱UFJリサーチ＆コンサルティング（株）「小規模事業者の地域での連携や課題解決への取組に関する調査」
（注）1.複数回答のため、合計は必ずしも100%とならない。
2.最も力を入れた事業見直しの取組の実施による経営への効果を聞いたものである。
3.感染症による売上げへの影響に「ある程度マイナスの影響を受けた」、「大きくマイナスの影響を受けた」と回答した小規模事業者を集計している。

（『小規模企業白書2022年版』中小企業庁編 p.Ⅱ-20をもとに作成）

② 持続的な成長を見据えた中長期的な事業見直し
　ここでは、特に言及しない限り、「売上げの減少**以外**で事業見直しに取り組んだ小規模事業者」について取り上げる。
- 小規模事業者が、売上げの減少**以外**を契機として事業見直しに取り組んだ理由を確認すると、「**将来的**な売上げの減少や市場の縮小への対応」が40.1％で最も高く、「**今後**成長が見込まれる市場への参入」が27.1％で続いている（図表1-4-4参照）。

図表1−4−4 小規模事業者が、売上げの減少以外で事業見直しに取り組んだ理由

資料：三菱UFJリサーチ＆コンサルティング（株）「小規模事業者の地域での連携や課題解決への取組に関する調査」
(注) 1.複数回答のため、合計は必ずしも100%とならない。
2.最も力を入れた事業見直しの取組に取り組んだ理由を聞いたものである。
3.事業見直しに取り組んだ理由に「売上げの減少」と回答していない小規模事業者を集計している。

(『小規模企業白書2022年版』中小企業庁編　p.Ⅱ-34をもとに作成)

- 事業見直し時に直面した**課題**を確認すると、「**知識・ノウハウの不足**」や「販売先の開拓・確保」「人材の確保」などのほかに、「資金調達」「自己資金の不足」など**資金面**に関する課題を感じた小規模事業者が一定数存在している（図表1−4−5参照）。

中小企業経営・中小企業政策

図表１－４－５　売上減少以外を契機として取り組んだ事業見直しで直面した課題

資料：三菱UFJリサーチ＆コンサルティング（株）「小規模事業者の地域での連携や課題解決への取組に関する調査」
（注）1.複数回答のため、合計は必ずしも100%とならない。
2.最も力を入れた事業見直しの取組で直面した課題を聞いたものである。
3.事業見直しに取り組んだ理由に「売上げの減少」と回答していない小規模事業者を集計している。

（『小規模企業白書2022年版』中小企業庁編　p.Ⅱ-41をもとに作成）

❷▶地域課題の解決と地域内連携

近年、日本でも**ゼブラ企業**という概念が着目されつつある。

ゼブラ企業は、2016年に、４人のアメリカ人女性起業家が提案した概念で、利益と時価総額を重視するユニコーン企業と対比させて、**社会課題解決と経済成長の両立を目指す企業**を白黒模様、群れで行動するゼブラ（シマウマ）に例え、命名された。

ユニコーン企業が利益の最大化、急成長を志向する一方、ゼブラ企業は、社会課題解決と経済成長の両立を目指し、持続的な繁栄を目指す。また、競争による勝者を目指すユニコーン企業に対し、ゼブラ企業は協力によりwin-winの関係を目指し、公共機関やコミュニティなども含め

た関係者が利益を享受できることを目指す。

図表1-4-6　ユニコーン企業とゼブラ企業の違い

		ユニコーン企業	ゼブラ企業
なぜ	目的	指数関数的な成長	持続的な繁栄
	ゴール	上場、売却、10倍成長	収益性、持続可能、2倍成長
	結果	独占	複数での共存
どのように	世界線	ゼロサム、勝者と敗者	ウィン-ウィン
	方法論	競争	協力
	自然にたとえると	寄生	相利共生
	資源	貯め込む	共有する
	スタイル	独断的	参加型
	求め方	もっと（量的に）	必要なだけ、もっと（質的に）
誰が	受益者	限られた個人、株主	公共、コミュニティ
	チーム編成	エンジニア偏重	バランスのとれた状態（コミュニティマネージャー、顧客サポート、エンジニア）
	ユーザーへの対価	関心（不透明）	価値（わかりやすい）
何を	測り方	量的	質的
	優先順位	ユーザーの獲得	ユーザーの成功

（『小規模企業白書2022年版』中小企業庁編　p.Ⅱ-74をもとに作成）

中小企業経営・中小企業政策

❸▶共通基盤としての取引適正化とデジタル化、経営力再構築伴走支援‥‥‥‥‥‥‥‥‥‥‥‥‥‥‥‥‥‥‥‥‥‥‥

「取引適正化」と「経営力再構築支援」は、中小企業白書2022年版と重複するため、ここでは、「デジタル化」について確認する。

① 小規模事業者におけるデジタル化とデータ利活用

● デジタル化に取り組む際の**課題**を確認すると、図表1－4－7に見るように、小規模事業者・中規模企業ともに、「費用対効果が分からない・測りにくい」の回答割合が最も高い。また、「**特になし**」と回答した**小規模事業者の割合**は、中規模企業に比べて**高い**。

図表1－4－7　デジタル化に取り組む際の課題

課題	区分	割合
費用対効果が分からない・測りにくい	小規模事業者	40.3%
	中規模企業	49.9%
デジタル化を推進できる人材がいない	小規模事業者	32.8%
	中規模企業	37.3%
従業員がITツール・システムを使いこなせない	小規模事業者	29.3%
	中規模企業	42.5%
情報流出が懸念される	小規模事業者	24.6%
	中規模企業	25.2%
適切なITツール・システムが分からない	小規模事業者	23.3%
	中規模企業	26.5%
どの分野・業務がデジタル化に置き換わるかが分からない	小規模事業者	19.3%
	中規模企業	18.1%
相談できる相手がいない	小規模事業者	8.8%
	中規模企業	6.1%
特になし	小規模事業者	18.2%
	中規模企業	9.9%
その他	小規模事業者	2.5%
	中規模企業	2.9%

資料：（株）東京商工リサーチ「中小企業のデジタル化と情報資産の活用に関するアンケート」
（注）1.複数回答のため、合計は必ずしも100%にならない。
2.各回答数(n)は以下のとおり。小規模事業者：n=931、中規模企業：n=1,436。

（『小規模企業白書2022年版』中小企業庁編　p.Ⅱ-106もとに作成）

2 中小企業政策

第1章 中小企業政策の基本

❶ ▶ 中小企業基本法

■中小企業基本法の概要

① 法の目的

中小企業政策について基本理念・基本方針などを定めるとともに、**国**および**地方公共団体**の責務などを規定することにより中小企業に関する**施策**を総合的に推進し、国民経済の健全な発展および国民生活の向上を図ること。

② 中小企業像
- 新たな産業の創出
- 就業の機会の増大
- 市場における競争の促進
- 地域における経済の活性化

| 二重構造における弱者 | | 我が国経済のダイナミズムの源泉 |

③ 基本方針

（政策理念）多様で活力ある中小企業の成長発展

（基本方針）

- 経営の革新および創業の促進（ならびに**創造**的な事業活動の促進） ← 独立した中小企業者の自主的な努力を前提
- 中小企業の経営基盤の強化
- 経済的社会的環境の変化への適応の円滑化（セーフティネットの整備）
- 資金の供給の円滑化および自己資本の充実

中小企業経営・中小企業政策

④　中小企業者の範囲

	製造業その他	卸売業	小売業、飲食店	サービス業
資本金額	3億円以下	1億円以下	5千万円以下	5千万円以下
従業員数	300人以下	100人以下	50人以下	100人以下

- 資本金額か従業員数の**どちらか**の条件が満たされれば、中小企業と認定
- 小規模企業者…常時使用する従業員数が**20**人以下（商業・サービス業は**5**人以下）の事業者

⑤　中小企業白書
　　中小企業の**動向**および政府が中小企業に関して講じた**施策**に関する年次報告書で、政府は毎年国会に提出

❷▶小規模基本法（小規模企業振興基本法）
■概要

　小規模企業の振興の基本原則として、小企業者（概ね従業員**5**人以下）を含む小規模企業について、中小企業基本法の基本理念である「成長発展」のみならず、技術やノウハウの向上、安定的な雇用の維持等を含む「事業の**持続**的発展」を位置づける。

　また、小規模企業施策について**5**年間の基本計画（小規模企業振興基本計画）を国（政府）が定め、政策の継続性・一貫性を担保する仕組みを作る。

■基本方針

1）国内外の多様な需要に応じた商品の販売または役務の提供の促進および新たな事業の展開の促進
2）小規模企業の経営資源の有効な活用ならびに小規模企業に必要な**人材**の育成および確保
3）地域経済の活性化ならびに地域住民の生活の向上および**交流の促進**に資する小規模企業の事業活動の推進
4）小規模企業への適切な支援を実施するための支援体制の整備等

<中小企業基本法と小規模基本法の「基本方針」の比較>

中小企業基本法	小規模基本法
① 経営の革新および創業の促進ならびに創造的な事業活動の促進	① 需要に応じた商品の販売、新事業展開の促進
② 中小企業の経営基盤の強化	② 経営資源の有効な活用、人材育成・確保
③ 経済的社会的環境の変化への適応の円滑化	③ 地域経済の活性化に資する事業活動の推進
④ 資金供給の円滑化および自己資本の充実	④ 適切な支援体制の整備

❸▶中小企業憲章

■基本理念

- 中小企業は、意思決定の素早さや行動力、個性豊かな得意分野や多種多様な可能性を持つ。経営者は、企業家精神に溢れ、自らの才覚で事業を営みながら、家族のみならず従業員を守る責任を果たす。
- 中小企業は、社会の主役として地域社会と住民生活に貢献し、伝統技能や文化の継承に重要な機能を果たす。中小企業は、国家の財産ともいうべき存在である。

第2章　中小企業施策

❶▶資金供給の円滑化および自己資本の充実

■主な支援機関

① 日本政策金融公庫

株式会社日本政策金融公庫法に基づく全額政府出資の政府系金融機関である。中小企業向けの融資（中小企業事業、国民生活事業）の他、信用補完制度において信用保証協会と保険契約を締結している。

② 信用保証協会

信用保証協会法に基づき、担保力や信用力が不足している中小企業者に対する事業資金の融通を円滑にすることを目的に設立された保証機関である。全国に計51協会がある。

中小企業経営・中小企業政策

③　中小企業投資育成株式会社

中小企業投資育成株式会社法に基づき、中小企業の自己資本の充実を促進し、その健全な成長発展を図るため、中小企業に対する投資等の事業を行うことを目的とした投資育成機関である。

地方公共団体、民間金融機関、民間保険会社等の出資により設立・運営され、東京、大阪、**名古屋**に設置されている。

原則として、資本金の額が**3億円**以下の株式会社（または資本金の額が**3億円**以下の株式会社を設立しようとする者）に対して投資（出資）を行う。

■主な制度

①　セーフティネット貸付制度

一時的に資金繰りに支障をきたしているが、中長期的には回復が見込まれる中小企業に対する融資制度である。日本政策金融公庫が行う。**経営環境変化対応資金**、金融環境変化対応資金、取引企業倒産対応資金の3つがある。

②　新創業融資制度

これから創業する者や税務申告を2期終えていない者に対して、事業計画（ビジネスプラン）等の審査を通じ、**無担保、無保証人**で融資する制度である。日本政策金融公庫が行う。

③　女性、若者／シニア起業家支援資金

業種にかかわらず、新規開業しておおむね**7年**以内の女性（年齢制限なし）、男性については若者（**35歳**未満）または高齢者（**55歳**以上）である者を対象に、日本政策金融公庫が行う。

④　セーフティネット保証制度

取引先の倒産、自然災害、取引金融機関の経営合理化等により経営の安定に支障を生じている中小企業について、一般の保証枠と**別枠**で信用保証協会が保証を行う制度である。

経営の安定に支障を生じているか否かの認定は、事業所の所在地を管轄する**市町村長**（または**特別区長**）が行う。

■**中小企業に適用される税制**

① 対象

　業種や従業員数にかかわらず、資本金**1億円**以下の法人等（ただし、大法人（資本金等が5億円以上の法人等）の100％子会社等は対象外）。

② 措置内容

　1）　ⅰ）支出した**交際費**等の年**800万円**までの**全額**、ⅱ）支出した**接待飲食費**の**50％**のどちらかを選択して損金算入可能（令和6年3月31日までの時限措置）。

　2）　年所得**800万円**以下の部分について、法人税の軽減税率が適用される。

❷▶中小企業等経営強化法に基づく支援

■**法律の概要**

　中小企業等経営強化法は、(旧)中小企業新事業活動促進法を改正し、平成28年7月1日に施行された。そして、後述する「事業継続力強化計画」の創設に伴い、改正法（通称：中小企業**強靭化**法）が令和元年7月16日に施行された。

　さらに、令和2年10月1日に施行された「中小企業の事業承継の促進のための中小企業における経営の承継の円滑化に関する法律等の一部を改正する法律」（通称：中小企業**成長促進**法）において、中小企業等経営強化法に基づく、新たな事業活動に取り組む「経営革新計画」、基礎体力をつける「経営力向上計画」、地域未来投資促進法に基づく、地域全体の活力向上を目指す「地域経済牽引事業計画」をベースに、生産性向上に向けた取組を支援する計画制度が整理統合され、成長段階に応じた体系に簡素化された。

■**新事業活動**

　新事業活動とは、次の5つの「新たな取組み」のことである。

① 新商品の開発または生産

② 新役務（サービス）の開発または提供

③ 商品の新たな生産または販売の方式の導入

中小企業経営・中小企業政策

④　役務（サービス）の新たな提供の方式の導入
⑤　技術に関する**研究開発**およびその成果の利用その他の新たな事業活動

　ここでの「新たな事業活動」とは、個々の中小企業者にとって「新たな事業活動」であれば、すでに他社において採用されている技術・方式を活用する場合でも原則として承認の対象となる。ただし、①業種毎に同業の中小企業の当該技術等の導入状況、②地域性の高いものについては、同一地域における同業他社における当該技術等の導入状況を判断し、それぞれについてすでに相当程度普及している技術・方式等の導入については、承認対象外となる。

■経営革新計画
①　経営革新計画のスキーム

```
① 国（主務大臣）が基本方針を定める
       ↓
② 特定事業者※が基本方針に基づき    申請    ③ 都道府県知事等
  経営革新計画を作成          →

④ 承認を受けると各種支援策の利用  承認
  が可能              ←
```

個別中小企業等の単一の都道府県内の計画は**都道府県知事**、全国団体等による広域の案件は国（主務大臣）が承認

※　**特定事業者**とは、①製造業、建設業、運輸業その他の業種⇒従業員数500人以下、②卸売業⇒従業員数400人以下、③小売業またはサービス業⇒従業員数300人以下（ソフトウェア業、情報処理サービス業、旅館業は従業

員数500人以下）の会社または個人事業主（資本金基準はない）、および組合（企業組合、事業協同組合等）をいう。

② 経営革新計画における数値目標

経営革新とは、事業者が**新事業活動**を行うことにより、その経営の相当程度の向上を図ることをいう。

経営革新計画には、**新事業活動**に関する内容のほかに「経営の相当程度の向上」を示す経営目標を盛り込むことが必要である。「経営の相当程度の向上」とは、次の2つの指標が、事業期間の3～5年で、相当程度向上することをいう。

1）「付加価値額または従業員1人当たりの付加価値額」の伸び率
2）「給与支給総額」の伸び率

経営革新計画として承認されるためには、事業期間である3～5年終了時におけるそれぞれの指標の「伸び率」がポイントとなる。それぞれの事業期間終了時における経営指標の目標伸び率は、下表のとおりである。

事業期間終了時	「付加価値額または従業員1人当たりの付加価値額」の伸び率（年率3％以上）	「給与支給総額」の伸び率（年率1.5％以上）
3年の場合	9％以上	4.5％以上
4年の場合	12％以上	6％以上
5年の場合	15％以上	7.5％以上

※ 中小企業等経営強化法における算出方法

付加価値額＝営業利益＋人件費＋**減価償却費**
給与支給総額＝役員報酬＋給料＋賃金＋賞与＋各種手当
注：「各種手当」には、残業手当、休日手当、家族（扶養）手当、住宅手当等を含み、給与所得とされない手当（退職手当等）および福利厚生費は含まない。

中小企業経営・中小企業政策

■経営力向上計画

① 経営力向上

経営力向上とは、事業者が、事業活動に有用な知識または技能を有する**人材**の育成、**財務**内容の分析の結果の活用、商品または役務の需要の動向に関する**情報**の活用、経営**能率**の向上のための情報システムの構築その他の現に有する経営資源等を**高度**に利用する方法を導入して事業活動を行うことにより、経営能力を強化し、経営の向上を図ることをいう。

② 経営力向上計画のスキーム

※1 **特定事業者等**とは、**従業員数2,000人以下（資本金基準はない）**の①会社または個人事業主（業種は関係ない）、②医業・歯科医業を主たる事業とする法人（医療法人等）、③社会福祉法人、④特定非営利活動法人、および組合（企業組合、事業協同組合等）をいう。

※2 **事業分野別指針**が策定されていない分野においては、基本方針に基づいて申請可能。

③ 経営力向上計画の内容

経営力向上計画（計画期間3～5年）には、①企業の概要、②現状認識、③経営力向上の目標および経営力向上による経営の向上の程度

を示す指標、④経営力向上の内容などを盛り込む。計画の作成にあたっては、経営革新等支援機関の支援を受けることができる。

③については、原則として**労働生産性**を用い、原則として3年計画の場合は1％以上、4年計画の場合は1.5％以上、5年計画の場合は2％以上の伸び率が必要となるが、事業分野によって異なる目標を設定することができる。

■事業継続力強化計画

① 概要

近年、大規模な自然災害が全国各地で頻発している。こうした自然災害は、個々の事業者の経営だけでなく、我が国のサプライチェーン全体にも大きな影響を及ぼすおそれがある。そこで、国は、中小企業の自然災害に対する事前対策（防災・減災対策）を促進するため、「中小企業の事業活動の継続に資するための中小企業等経営強化法等の一部を改正する法律（この改正法を総称して、**中小企業強靱化法**という）」を令和元年7月16日に施行した。この改正により、防災・減災に取り組む中小企業を支援するための「事業継続力強化計画」制度が創設された。

② 事業継続力強化計画

事業継続力強化計画は、中小企業が自社の災害リスクを認識し、防災・減災対策の第一歩として取り組むために、必要な項目を盛り込んだものであり、支援措置を受けるために、将来的に行う災害対策等を記載するものである。認定を受けた中小企業は、防災・減災設備に対する税制優遇、低利融資、補助金の優先採択等を受けることができる。

中小企業経営・中小企業政策

③ スキーム

※ 2者以上の中小企業者が連携して、連携事業継続力強化計画を作成・申請することもできる。

④ 制度利用のポイント

防災・減災対策として必要な取組を計画として盛り込むことが必要である。具体的には、①企業の概要（連携型の場合は連携企業の概要）、②自然災害が事業活動に与える影響の認識（被害想定等）、③初動対応の内容、④事前対策の内容、⑤事前対策の実効性の確保に向けた取組などを申請書に記入することにより、認定を受けることができる。

なお、計画期間は **3年以内** である（連携型も同じ）。

❸ ▶ 地域未来投資促進法

地域未来投資促進法は、地域の特性を活用した事業の生み出す経済的効果に着目し、これを最大化しようとする地方公共団体の取組を支援するものである。

基本方針に基づき、市町村および都道府県が基本計画を策定し、**国の同意**を得る。同意された基本計画に基づき事業者が策定する地域経済牽引事業計画（地域経済牽引事業：①地域の特性を生かして、②高い付加価値を創出し、③地域の事業者に対する相当の経済的効果を及ぼす事業）を都道府県知事が承認する。また、地域経済牽引事業の支援を行う「地域経済牽引支援機関」による連携支援計画を国が承認する。

<地域未来投資促進法のスキーム>

❹▶農商工等連携促進法

　この法律では、①中小企業者と農林漁業者が有機的に連携して新商品・新サービスの開発等を行う**農商工等連携**事業計画を共同で、②特定非営利活動（NPO）法人、一般社団法人、一般財団法人が、中小企業者と農林漁業者との連携を支援する**農商工等連携支援**事業計画をそれぞれ作成し、国（主務大臣）の認定を受けると、各種支援措置が講じられる。

　スキームは下図のとおりである。

中小企業経営・中小企業政策

❺ ▶経営基盤の強化
■中小企業組合制度

＜主要な組合制度の概要＞

	事業協同組合	企業組合	協業組合	商工組合	商店街振興組合
根拠法	中小企業等協同組合法		中小企業団体の組織に関する法律		商店街振興組合法
目的	組合員への直接の奉仕、組合員の経営合理化および経済活動の機会の確保	組合員への直接の奉仕、組合員の経営合理化	事業規模の適正化による生産性向上、共同利益の増進	資格事業の改善発達、経営の安定合理化	組合員への直接奉仕、組合員の経営合理化、商店街地域の環境整備
事業	組合員の事業に関する共同経済事業、資金の貸付け、福利厚生、債務保証、その他	定款に掲げる事業（商業・工業、鉱業、サービス業、その他）	協業の対象事業、関連事業、附帯事業	指導教育事業、共同経済事業（出資組合のみ）、その他	組合員の事業に関する商店街の環境整備事業、共同経済事業
設立要件	4人以上の事業者	4人以上の個人	4人以上の事業者	1都道府県以上の区域を地区として地区内で資格事業を行うものの2分の1以上が加入すること	1都道府県以内の区域を地区として小売商業またはサービス業を営む事業者の30人以上が近接してその事業を営むこと
責任	有限責任	有限責任	有限責任	有限責任	有限責任
発起人数	4人以上	4人以上	4人以上	4人以上	7人以上
加入	自由	自由	組合の加入の承諾	自由	自由
任意脱退	自由	自由	持分譲渡による	自由	自由
組合員比率	ない	全従業員の3分の1以上が組合員	ない	ない	ない

199

	事業協同組合	企業組合	協業組合	商工組合	商店街振興組合
従事比率	ない	全組合員の**2分の1**以上が組合事業に従事	ない	ない	ない
議　決　権	1人1票	1人1票	平等（ただし、**出資比例**の議決権も認める)	1人1票	1人1票
組織変更	協業組合／商工組合／**株式会社**へ	協業組合／**株式会社**へ	**株式会社**へ	事業協同組合へ（出資組合のみ)	不可
令和2年3月末の組合数※	28,305	1,705	705	1,135（連合会は48)	2,468（連合会は113)

※　どの組合も数は減少している。

■高度化事業

　高度化事業は、中小企業者が**共同**で工場団地を建設したり、商店街にアーケードを設置したりする事業などに対し、都道府県と**中小企業基盤整備機構**が財源を出し合い、事業計画等に対するアドバイスを行いながら、長期・低利の融資（設備資金）などを行う事業である。

　高度化事業には①中小企業者が事業協同組合などを設立して共同・連携して経営基盤の強化などに取り組む事業、②地方公共団体と地元産業界が協力して設立する第3セクターなどが、当該地域の中小企業者や起業家を支援するための施設を整備する事業がある。

中小企業経営・中小企業政策

＜高度化事業の種類＞

種　類	事業名	内　容
中小企業者が実施する事業	集団化事業	工場を拡張したいが隣接地に用地を確保できない、騒音問題のため操業に支障があるなどの問題を抱える中小企業者が集まり、適地に設備の整った工場を新設し、事業の拡大・効率化、公害問題の解決を図る。
	集積区域整備事業	商店街に、アーケードやカラー舗装、駐車場などを整備したり、各商店を改装し、商店街の魅力・利便性を向上させ集客力を高める。
	施設集約化事業	大型店の出店などに対抗するため、地域の中小小売商業者らが、共同で入居するショッピングセンターを建設し、集客力・販売力を向上させる。
	共同施設事業	中小企業者が共同で利用する共同物流センター、加工場や倉庫などの施設を建設し、事業の効率化、取引先の拡大を図る。
第3セクター等が行う事業	地域産業創造基盤整備事業	起業家を支援するインキュベーション施設などを設置し運営する事業。
	商店街整備等支援事業	商店街活性化・集客力向上のため、多目的ホール、駐車場、共同店舗などを設置し運営する事業。

201

■**下請代金支払遅延等防止法**

① 下請代金支払遅延等防止法の適用範囲

② 親事業者の義務
  1）発注書面の交付義務
    委託後、**直ちに**、給付の内容、下請代金の額、支払期日および支払方法等の事項を記載した書面を交付する義務。
  2）下請取引の内容を記録した書類の作成、保存義務
    委託後、給付、給付の受領（役務の提供の実施）、下請代金の支払等について記載した書類等を作成し、**2年間**保存する義務。
  3）下請代金の支払期日を定める義務
    下請代金の支払期日について、給付を受領した日（役務の提供を受けた日）から**60日**以内で、かつできる限り短い期間内に定める義務。

中小企業経営・中小企業政策

４）遅延利息の支払義務

支払期日までに支払わなかった場合は、給付を受領した日（役務の提供を受けた日）の**60日**後から、支払を行った日までの日数に、年率**14.6%**を乗じた金額を遅延利息として支払う義務。

■中小企業退職金共済制度

中小企業退職金共済法に基づき、単独では従業員のための退職金制度を設けることが困難な中小企業に対し、事業主の相互共済の仕組みと**国**の助成によって運営される。中小企業者が、**勤労者退職金共済機構**と従業員ごとに退職金共済契約を結び、毎月一定額の掛金を納付することにより、従業員が退職する際には、同機構から所定の退職金が**直接**従業員に支払われる。また、掛金は全額損金または**必要経費**として扱われる。

❻▶環境変化への対応

■中小企業倒産防止共済制度（経営セーフティ共済）

中小企業倒産防止共済法に基づき、中小企業の連鎖倒産防止と経営安定を目的として**中小企業基盤整備機構**が運営する共済制度である。

1年以上継続して事業を行っている中小企業者であって、掛金納付月数が**6カ月**以上ある加入者について、取引先企業が倒産した場合、売掛金や受取手形などの回収が困難になった額と、積み立てた掛金総額（上限800万円）の10倍に相当する額のうち、いずれか**少ない**額（上限8,000万円）の貸付が無担保、無保証人、**無利子**で受けられる。ただし、貸付を受けた場合は、その額の**10分の1**に相当する額が掛金総額から減額される。また、掛金は全額損金または**必要経費**として扱われる。

❼▶中小企業の事業承継および再生支援

■経営承継円滑化法（中小企業における経営の承継の円滑化に関する法律）に基づく支援

後継者が、相続・贈与により、経営承継法に係る**都道府県知事**の認定を受けた非上場株式等を先代経営者から取得し、その会社を経営していく場合、その後継者が納付すべき相続税・贈与税の納税が猶予される。ただし、相続・贈与前から後継者がすでに保有していた議決権株式を含

め発行済完全議決権株式総数の3分の2に達するまでの部分に限られる。

＜経営承継法の納税猶予額（原則）＞

相続税	課税価格の80％
贈与税	全額（100％）

なお、平成30年度税制改正において、事業承継時の贈与税・相続税の納税を猶予する事業承継税制が大きく改正され、期間限定の特例措置が設けられた（特例承継計画制度）。

主な特例措置の内容は以下のとおりである。

1）本来の事業承継税制では、納税猶予措置は、相続・贈与前から後継者（親族外も対象）がすでに保有していた議決権株式を含め、発行済完全議決権株式総数の3分の2に達するまでの部分に限られている。これが、特例の適用を受けると、対象株式の制限が**なくなる**（**全**株式が納税猶予の対象となる）。

2）本来の事業承継税制では、相続税の納税猶予割合は80％である。これが、特例の適用を受けると、相続税についても、納税猶予割合が**100**％となる。

3）本来の事業承継税制では、事業承継後5年間平均で、雇用の**8割**を維持しなければならないという雇用要件がある。これが、特例の適用を受けると、雇用を維持できなかった場合でも納税猶予が継続可能となる（ただし、経営悪化等が理由の場合、認定支援機関の指導助言が必要となる）。

なお、平成31年度（令和元年度）税制改正によって**個人**版事業承継税制が創設され、**個人**の事業用資産（事業用の宅地、建物等）についての相続税・贈与税の納税猶予（ともに**100**％）が認められるようになった。

■中小企業活性化協議会

産業競争力強化法に基づき、**各都道府県**に設置された支援機関（相談機関）である。

中小企業経営・中小企業政策

　中小企業活性化協議会は、窓口相談、収益力改善支援、事業再生支援、再チャレンジ支援、経営改善計画策定支援事業等を行っている。相談は**無料**であるが、計画策定の支援にあたっては、調査や外部専門家の費用について実費の一部負担が生じる場合もある。

■事業承継・引継ぎ支援センター
　産業競争力強化法に基づき、中小企業者等の後継者マッチング等を支援するために設立された専門機関（相談機関）である。**各都道府県**に設置されている。相談は無料である。

❽ ▶小規模企業対策……………………………………………………
■小規模企業共済制度
　小規模企業共済法に基づき、小規模企業の経営者が廃業や退職に備え、生活の安定や事業の再建を図るための資金をあらかじめ準備しておくための共済制度であり、いわば**経営者**の退職金制度である。
　中小企業基盤整備機構が運営を行い、小規模企業の経営者が掛金を積み立て、廃業や役員の退職などの給付事由（共済事由）が発生した場合、共済金を一括または分割で支払う。掛金は全額**所得控除**される。

① 対象
- 常時使用する従業員が20人以下（商業・サービス業の場合は5人以下。ただし、**宿泊業・娯楽業**は20人以下）の個人事業主、共同経営者または会社の役員
- 事業に従事する組合員の数が20人以下の企業組合の役員
- 常時使用する従業員の数が20人以下の協業組合の役員
- 常時使用する従業員の数が20人以下であって、農業の経営を主として行っている農事組合法人の役員

＜共済制度（略称）の比較＞

	退職金共済	倒産防止共済	小規模企業共済
制 定 年 度	1959年	1977年	1965年
運 営 主 体	勤労者退職金共済機構	中小企業基盤整備機構	
対 象	従業員※1	中小企業	経営者※2
税金の取扱い※3	法人：損金算入	個人：必要経費	経営者個人の所得から控除
掛 金 の 範 囲	5,000～30,000円（16種類）	5,000～200,000円（5,000円きざみ）	1,000～70,000円（500円きざみ）

※1　事業主との間に使用従属関係が認められる同居の親族を含む。

※2　個人事業主に属する共同経営者を含む。

※3　本試験では「非課税」という表現で出題されている。

■小規模事業者経営改善資金融資制度（マル経融資）

　商工会・商工会議所が行う経営改善普及事業を金融面から補完する、日本政策金融公庫が行う無担保・無保証人・低利の融資制度である。

① 対象（通常枠）

　・常時使用する従業員が20人以下（商業・サービス業の場合は5人以下。ただし、宿泊業・娯楽業は20人以下）の法人・個人事業主

　・原則として6か月以上、経営指導員による経営指導を受けている者

　・最近1年以上同一商工会議所・商工会の地区内で事業を行っている者

② 貸付限度額（通常枠）

　2,000万円

③ 貸付期間

　設備資金10年以内（据置期間2年以内）、運転資金7年以内（据置期間1年以内）

■小規模事業者持続化補助金

　小規模事業者のビジネスプランに基づく経営を推進するため、商工

中小企業経営・中小企業政策

会・商工会議所と一体となって、小規模事業者が経営計画を作成し、その経営計画に基づき**販路開拓**や生産性向上に取り組む費用を支援する補助事業である。

第3章　中小企業政策の変遷

■主要な法律の制定年等

　主要な法律の制定年等を表にまとめると図表2-3-1のようになる。

図表2-3-1　主要な法律の制定年等

昭和23年（1948年）	中小企業庁設置法
昭和24年（1949年）	中小企業等協同組合法
昭和25年（1950年）	中小企業信用保険法
昭和28年（1953年）	商工会議所法
昭和28年（1953年）	信用保証協会法
昭和31年（1956年）	下請代金支払遅延等防止法
昭和32年（1957年）	中小企業団体の組織に関する法律
昭和34年（1959年）	中小企業退職金共済法
昭和35年（1960年）	商工会法
昭和37年（1962年）	商店街振興組合法
昭和38年（1963年）	中小企業投資育成株式会社法
昭和38年（1963年）	中小企業基本法
昭和40年（1965年）	小規模企業共済法
昭和45年（1970年）	下請中小企業振興法
昭和48年（1973年）	中小小売商業振興法
昭和52年（1977年）	中小企業倒産防止共済法
平成3年（1991年）	中小企業労働力確保法
平成5年（1993年）	小規模事業者支援法
平成10年（1998年）	投資事業有限責任組合契約に関する法律
平成10年（1998年）	中心市街地活性化法

平成11年（1999年）	**中小企業基本法**改正
平成12年（2000年）	中小企業支援法（旧中小企業指導法：昭和38年）
平成14年（2002年）	独立行政法人中小企業基盤整備機構法（同法人の設立は2004年（平成16年））
平成17年（2005年）	中小企業新事業活動促進法（旧中小企業創造活動促進法・新事業創出促進法・中小企業経営革新支援法の統合）
平成19年（2007年）	株式会社日本政策金融公庫法
平成20年（2008年）	農商工等連携促進法
平成20年（2008年）	経営承継円滑化法
平成21年（2009年）	地域商店街活性化法
平成22年（2010年）	中小企業憲章（閣議決定）
平成25年（2013年）	小規模企業活性化法（**中小企業基本法**等の改正）
平成26年（2014年）	小規模基本法
平成28年（2016年）	中小企業等経営強化法（中小企業新事業活動法の改正）
平成29年（2017年）	地域未来投資促進法
令和元年（2019年）	中小企業**強靭化**法（中小企業等経営強化法等の改正）
令和2年（2020年）	中小企業**成長促進**法（中小企業経営強化法等の改正）

中小企業診断士　2023年度版
最速合格のための要点整理ポケットブック　第1次試験2日目

＜ポケットテキスト　2日目＞
2007年度版　2007年1月10日　初版　第1刷発行
＜最速合格のための要点整理ポケットブック　第1次試験2日目＞
2023年1月21日　初　版　第1刷発行

編　著　者	ＴＡＣ株式会社	
	（中小企業診断士講座）	
発　行　者	多　田　　敏　男	
発　行　所	ＴＡＣ株式会社　出版事業部	
	（ＴＡＣ出版）	

〒101-8383
東京都千代田区神田三崎町3-2-18
電話　03(5276)9492(営業)
FAX　03(5276)9674
https://shuppan.tac-school.co.jp

印　　　刷	株式会社　ワコープラネット	
製　　　本	株式会社　常　川　製　本	

© TAC 2023　　　　Printed in Japan

ISBN 978-4-300-10339-5
N.D.C. 335

本書は、「著作権法」によって、著作権等の権利が保護されている著作物です。本書の全部または一部につき、無断で転載、複写されると、著作権等の権利侵害となります。上記のような使い方をされる場合、および本書を使用して講義・セミナー等を実施する場合には、小社宛許諾を求めてください。

乱丁・落丁による交換、および正誤のお問合せ対応は、該当書籍の改訂版刊行月末日までといたします。なお、交換につきましては、書籍の在庫状況等により、お受けできない場合もございます。
また、各種本試験の実施の延期、中止を理由とした本書の返品はお受けいたしません。返金もいたしかねますので、あらかじめご了承くださいますようお願い申し上げます。

中小企業診断士講座のご案内

現役の中小企業診断士が"熱く"語る！
中小企業診断士講座ガイダンス 参加無料！

試験制度や学習方法、資格の魅力等について、現役の中小企業診断士が語ります。参加無料（一部予約制）です。直接会場にお越しください。
ガイダンス終了後には、学習を始めるにあたっての疑問や不安を、講師に質問できる「個別相談」の時間もご用意しております。

>> ガイダンス日程は、TACホームページにてご確認ください。

▶▶▶ TAC 診断士 ガイダンス 検索

TACの講義を体感！
無料体験入学制度 体験無料！

TACではお申込み前に、無料で講義を体験受講していただけます。
講義の雰囲気や講師・教材をじっくり体験してからお申込みください！

教室で体験

各コースの第1回目の講義の開始前に各校舎の受付窓口にてお手続きください。
予約不要です。

ビデオブースで体験

TACのビデオブースで第1回目の講義を受講できます。ご都合の良い日時をご予約ください。TAC各校のお電話にてご予約を承ります。

インターネットで体験

TACホームページ内の「TAC動画チャンネル」より体験講義のご視聴が可能です。

▶▶▶ TAC 診断士 動画チャンネル 検索

当ページでご紹介しているサービスは、全て無料です。ぜひご活用ください!

資格の学校 TAC

各種セミナー・体験講義を見たい!
TAC動画チャンネル 視聴無料!

資格の概要や試験制度・TACのカリキュラムをご説明する「講座説明会」、実務の世界や戦略的な学習方法、試験直前対策などをお話する「セミナー」等、多様なジャンルの動画を無料でご覧いただけます!

▶▶▶ TAC 診断士 動画チャンネル 検索

読者にオススメの動画!

ガイダンス

中小企業診断士の魅力とその将来性や、効率的・効果的な学習方法等を紹介します。
ご自身の学習計画の参考として、ぜひご覧ください!

主なテーマ例
- ▶ 中小企業診断士の魅力
- ▶ 試験ガイド
- ▶ 初学者向けコースガイダンス
- ▶ 体験講義動画

各種セミナー

各種情報や教室で開催したセミナーを無料配信しています。中小企業診断士受験生に役立つ情報が盛りだくさんです!

主なテーマ例
- ▶ 1次直前対策セミナー
- ▶ 1次試験分析会
- ▶ 2次直前対策セミナー
- ▶ 2次試験分析会
- ▶ 2次口述試験対策セミナー
- ▶ キャリアアップ&起業・創業・独立開業セミナー 等

中小企業診断士への関心が高まった方へおすすめの

2023合格目標 1次「財務・会計」先どり学習講義

1次試験の「財務・会計」、2次試験の「事例Ⅳ」ともに、数値計算をする問題が出題されます。
覚えなければならない計算式がたくさんありますが、やみくもに暗記するのではなく、その式が表す意味を理解する事が計算式の記憶定着にも効果的です。
当講義は、頻出領域に絞って解説しながらインプットし、問題を解きながらアウトプットする学習をしていきます。ぜひ早期より対策を行い、「財務・会計」を得意科目にしてください!

カリキュラム

第1回	☐ 会計種類 ☐ B/S（貸借対照表）、P/L（損益計算書）の概要とつながり ☐ B/S, P/Lの一般的な項目	☐ 簿記（仕訳）の基礎、仕訳の練習、減価償却 ☐ B/S, P/L作成練習 ☐ キャッシュフロー計算書
第2回	☐ 経営分析（総合収益性、収益性、効率性、安全性）	
第3回	☐ CVP分析（損益分岐点、損益分岐点比率、安全余裕率、利益計画、利益差異、感度分析）	
第4回	☐ 投資の経済性計算（正味現在価値法、内部収益率法、収益性指数法、単純回収期間法）	

学習メディア

●ビデオブース講座 ●Web通信講座

教材

オリジナルテキスト1冊

講義時間

140分/回

フォロー制度

質問メール：3回まで（受講生専用サイトにて受付）

受講料

コース	学習メディア	通常受講料
1次「財務・会計」先どり学習講義	ビデオブース講座	¥15,000
	Web通信講座	

※左記は入会金不要
※受講料は教材費・消費税10%が含まれます。
※入会金不要

中小企業診断士試験の受講を検討中でもっといろいろなことをお知り

これから始める相談ダイヤル
ライセンスアドバイザーまで
お気軽にご相談ください。

通話無料 **0120-443-411** 受付時間 月 ～ 金／9:30～19:00
土・日・祝／9:30～18:00

受付時間は変更になる場合がございます。TAC各校舎またはTACホームページでご確認ください。

講座案内　　　　　　　　　　　　　　　　　　　　　　**資格の学校 TAC**

2023合格目標　1次パック生　[直前編]

全7科目のアウトプットを中心に直前期の総仕上げをしたい方におすすめです。
TACオリジナル問題の答練・公開模試を受験することで、得点力が向上します。

カリキュラム 全21回+1次公開模試

2023年5月～7月	
1次完成答練 [14回]	本試験の予想問題に取り組み、これまでの学習の成果を確認します。 ここで間違えてしまった問題は、確実にマスターすることが重要です。
1次公開模試 [2日間]	本試験と同様の形式で実施する模擬試験です。 自分の実力を正確に測ることができます。これまでの学習の成果を発揮してください。
1次最終講義 [各科目1回／全7回]	1次試験対策の最後の総まとめ講義です。 法改正などのトピックも交えた最新情報をお伝えします。

学習メディア

●教室講座　●ビデオブース講座　●Web通信講座　●DVD通信講座

フォロー制度

質問メール:10回まで(受講生専用サイトにて受付)

受講料

コース	学習メディア	開講月	通常受講料	
1次パック生(直前編)	教室講座	2023年5月	¥88,000	2023年 3月22日(水)より お申込みいただけます。
	ビデオブース講座			
	Web通信講座	2023年4月	¥98,000	
	DVD通信講座			

※0から始まる会員番号をお持ちでない方は、受講料のほかに別途入会金¥10,000(消費税込)が必要です。
※受講料は教材費・消費税10%が含まれています。

になりたい方は、下記のサービス(無料)をお気軽にご利用ください!

これから始める相談メール

メール相談は24時間受付中!

TAC 資格例　検索

TAC 中小企業診断士講座 開講コースのご案内

学習したい科目のみのお申込みができる、学習経験者向けカリキュラム
1次上級単科生(応用+直前編)

- ☐ 必ず押さえておきたい論点や合否の分かれ目となる論点をピックアップ!
- ☐ 実際に問題を解きながら、解法テクニックを身につける!
- ☐ 習得した解法テクニックを実践する答案練習!

カリキュラム ※講義の回数は科目により異なります。

1次応用編 2022年10月～2023年4月		1次直前編 2023年5月～		
1次上級講義 [財務5回/経済5回/中小3回 /その他科目各4回] 講義140分/回 過去の試験傾向を分析し、頻出論点や重要論点を取り上げ、実際に問題を解きながら知識の再確認をするとともに、解法テクニックも身につけていきます。 [使用教材] 1次上級テキスト(上・下巻) →INPUT←	**1次上級答練**[各科目1回] 答練60分+解説80分 1次上級講義で学んだ知識を確認・整理し、習得した解法テクニックを実践する答案練習です。 [使用教材] 1次上級答練 ←OUTPUT→	**1次完成答練**[各科目2回] 答練60分+解説 80分/回 重要論点を網羅した、TAC厳選の本試験予想問題による答案練習です。 [使用教材] 1次完成答練	**1次最終講義**[各科目1回] 講義140分/回 1次対策の最後の総まとめです。法改正などのトピックを交えた最新情報をお伝えします。 [使用教材] 1次最終講義レジュメ	1次試験[2023年8月]
1次養成答練[各科目1回] ※講義回数には含まず。 基礎知識の確認を図るための1次試験対策の答案練習です。 (配布のみ・解説講義なし・採点あり) ←OUTPUT→		←OUTPUT→	→INPUT←	

さらに! 「1次基本単科生」の教材付き!(配付のみ・解説講義なし)
◇基本テキスト ◇講義サポートレジュメ ◇1次養成答練 ◇トレーニング ◇1次過去問題集

学習メディア

教室講座	ビデオブース講座	Web通信講座	DVD通信講座

開講予定月

- ◎企業経営理論／10月
- ◎財務・会計／10月
- ◎運営管理／10月
- ◎経営学・経済政策／10月
- ◎経営情報システム／10月
- ◎経営法務／10月
- ◎中小企業経営・政策／11月

1科目から申込できます! ※詳細はホームページまたはパンフレットをご覧ください。

資格の学校 TAC

本試験を体感できる！実力がわかる！
2023(令和5)年合格目標　公開模試

受験者数の多さが信頼の証。全国最大級の公開模試！

中小企業診断士試験、特に2次試験においては、自分の実力が全体の中で相対的にどの位置にあるのかを把握することが非常に大切です。独学や規模の小さい受験指導校では把握することが非常に困難ですが、TACは違います。規模が大きいTACだからこそ得られる成績結果は極めて信頼性が高く、自分の実力を相対的に把握することができます。

1次公開模試
2022年度受験者数
2,468名

2次公開模試
2021年度受験者数
2,183名

TACだから得られるスケールメリット！
規模が大きいから正確な順位を把握し効率的な学習ができる！

TACの成績は全国19の直営校舎にて講座を展開し、多くの方々に選ばれていますので、受験生全体の成績に近似しており、**本試験に近い成績・順位を把握**することができます。
さらに、他のライバルたちに差をつけられている、自分にとって本当に克服しなければいけない**苦手分野を自覚することができ**、より効率的かつ効果的な学習計画を立てられます。

はたして今の成績は良いの？悪いの？
規模の小さい受験指導校で得られる成績・順位よりも…

この母集団で今の成績なら大丈夫！
規模の大きい**TAC**なら、本試験に近い成績が分かる！

実施予定

1次公開模試：2023年7/1(土)・2(日)実施予定
2次公開模試：2023年9/3(日)実施予定

詳しくは公開模試パンフレットまたはTACホームページをご覧ください。

1次公開模試：2023年5月上旬完成予定　2次公開模試：2023年6月下旬完成予定

https://www.tac-school.co.jp/　｜ TAC　診断士 ｜　検索

TAC出版 書籍のご案内

TAC出版では、資格の学校TAC各講座の定評ある執筆陣による資格試験の参考書をはじめ、
資格取得者の開業法や仕事術、実務書、ビジネス書、一般書などを発行しています!

TAC出版の書籍

*一部書籍は、早稲田経営出版のブランドにて刊行しております。

資格・検定試験の受験対策書籍

- 日商簿記検定
- 建設業経理士
- 全経簿記上級
- 税理士
- 公認会計士
- 社会保険労務士
- 中小企業診断士
- 証券アナリスト
- ファイナンシャルプランナー(FP)
- 証券外務員
- 貸金業務取扱主任者
- 不動産鑑定士
- 宅地建物取引士
- 賃貸不動産経営管理士
- マンション管理士
- 管理業務主任者
- 司法書士
- 行政書士
- 司法試験
- 弁理士
- 公務員試験(大卒程度・高卒者)
- 情報処理試験
- 介護福祉士
- ケアマネジャー
- 社会福祉士 ほか

実務書・ビジネス書

- 会計実務、税法、税務、経理
- 総務、労務、人事
- ビジネススキル、マナー、就職、自己啓発
- 資格取得者の開業法、仕事術、営業術
- 翻訳ビジネス書

一般書・エンタメ書

- ファッション
- エッセイ、レシピ
- スポーツ
- 旅行ガイド (おとな旅プレミアム/ハルカナ)
- 翻訳小説

TAC出版

(2021年7月現在)

書籍のご購入は

1 全国の書店、大学生協、ネット書店で

2 TAC各校の書籍コーナーで

資格の学校TACの校舎は全国に展開!
校舎のご確認はホームページにて

資格の学校TAC ホームページ
https://www.tac-school.co.jp

3 TAC出版書籍販売サイトで

CYBER TAC出版書籍販売サイト
BOOK STORE

24時間
ご注文
受付中

TAC 出版　で　検索

https://bookstore.tac-school.co.jp/

- 新刊情報をいち早くチェック!
- たっぷり読める立ち読み機能
- 学習お役立ちの特設ページも充実!

TAC出版書籍販売サイト「サイバーブックストア」では、TAC出版および早稲田経営出版から刊行されている、すべての最新書籍をお取り扱いしています。

また、無料の会員登録をしていただくことで、会員様限定キャンペーンのほか、送料無料サービス、メールマガジン配信サービス、マイページのご利用など、うれしい特典がたくさん受けられます。

サイバーブックストア会員は、特典がいっぱい!(一部抜粋)

 通常、1万円(税込)未満のご注文につきましては、送料・手数料として500円(全国一律・税込)頂戴しておりますが、1冊から無料となります。

 専用の「マイページ」は、「購入履歴・配送状況の確認」のほか、「ほしいものリスト」や「マイフォルダ」など、便利な機能が満載です。

 メールマガジンでは、キャンペーンやおすすめ書籍、新刊情報のほか、「電子ブック版 TACNEWS(ダイジェスト版)」をお届けします。

 書籍の発売を、販売開始当日にメールにてお知らせします。これなら買い忘れの心配もありません。

2023年度 中小企業診断士試験 (第1次試験・第2次試験)

TAC出版では、中小企業診断士試験(第1次試験・第2次試験)にスピード合格を目指す方のために、科目別、用途別の書籍を刊行しております。資格の学校TAC中小企業診断士講座とTAC出版が強力なタッグを組んで完成させた、自信作です。ぜひご活用いただき、スピード合格を目指してください。

※刊行内容・刊行月・装丁等は変更になる場合がございます。

基礎知識を固める

▶ みんなが欲しかった!シリーズ

みんなが欲しかった! 中小企業診断士 合格へのはじめの一歩
A5判 8月刊行

- フルカラーでよくわかる、「本気でやさしい入門書」!
- 試験の概要、学習プランなどのオリエンテーションと、科目別の主要論点の入門講義を収載。

みんなが欲しかった! 中小企業診断士の教科書
上:企業経営理論、財務・会計、運営管理
下:経済学・経済政策、経営情報システム、経営法務、中小企業経営・政策
A5判 10〜11月刊行 全2巻

- フルカラーでおもいっきりわかりやすいテキスト
- 科目別の分冊で持ち運びラクラク
- 赤シートつき

みんなが欲しかった! 中小企業診断士の問題集
上:企業経営理論、財務・会計、運営管理
下:経済学・経済政策、経営情報システム、経営法務、中小企業経営・政策
A5判 10〜11月刊行 全2巻

- 診断士の教科書に完全準拠した論点別問題集
- 各科目とも必ずマスターしたい重要過去問を約50問収載
- 科目別の分冊で持ち運びラクラク

▶ 最速合格シリーズ

科目別 全7巻
①企業経営理論
②財務・会計
③運営管理
④経済学・経済政策
⑤経営情報システム
⑥経営法務
⑦中小企業経営・中小企業政策

最速合格のための
スピードテキスト
A5判 9月〜12月刊行

- 試験に合格するために必要な知識のみを集約、初めて学習する方はもちろん、学習経験者も安心して使える基本書です。

科目別 全7巻
①企業経営理論
②財務・会計
③運営管理
④経済学・経済政策
⑤経営情報システム
⑥経営法務
⑦中小企業経営・中小企業政策

最速合格のための
スピード問題集
A5判 9月〜12月刊行

- 「スピードテキスト」に準拠したトレーニング問題集。テキストと反復学習していただくことで学習効果を飛躍的に向上させることができます。

受験対策書籍のご案内 TAC出版

1次試験への総仕上げ

最速合格のための第1次試験過去問題集
A5判 12月刊行

科目別 全7巻
① 企業経営理論
② 財務・会計
③ 運営管理
④ 経済学・経済政策
⑤ 経営情報システム
⑥ 経営法務
⑦ 中小企業経営・中小企業政策

● 過去問は本試験攻略の上で、絶対に欠かせないトレーニングツールです。また、出題論点や出題パターンを知ることで、効率的な学習が可能となります。5年分の本試験問題と丁寧な解説を収載。

最速合格のための要点整理ポケットブック
B6変形判 1月刊行

全2巻
1日目（経済学・経済政策、財務・会計、企業経営理論、運営管理）
2日目（経営法務、経営情報システム、中小企業経営・中小企業政策）

● 第1次試験の日程と同じ科目構成の「要点まとめテキスト」です。コンパクトサイズで、いつでもどこでも手軽に確認できます。買ったその日から本試験当日の会場まで、フル活用してください!

2次試験への総仕上げ

最速合格のための第2次試験過去問題集
B5判 2月刊行

● 過去5年分の本試験問題を収載し、問題文の読み取り方から解答作成までのプロセスを丁寧に解説しています。抜き取り式の解答用紙付きです。最高の良問である過去問題に取り組んで、合格をたぐりよせましょう。

第2次試験 事例Ⅳの解き方
B5判

● 第2次試験「事例Ⅳ」の対策のためのトレーニング問題集です。TACの現役講師による解き方手順を掲載しているので、適切な計算手順や問題文の読み取り方を知り、自身の解答プロセスを身につけることができます。

好評発売中

TACの書籍はこちらの方法でご購入いただけます

1. 全国の書店・大学生協
2. TAC各校 書籍コーナー
3. インターネット

CYBER TAC出版書籍販売サイト
BOOK STORE
アドレス https://bookstore.tac-school.co.jp/

・2022年7月現在 ・価格等詳細は、決定しだい上記のサイバーブックストアに掲載されますのでご参照ください

書籍の正誤に関するご確認とお問合せについて

書籍の記載内容に誤りではないかと思われる箇所がございましたら、以下の手順にてご確認とお問合せをしてくださいますよう、お願い申し上げます。

なお、正誤のお問合せ以外の書籍内容に関する解説および受験指導などは、一切行っておりません。
そのようなお問合せにつきましては、お答えいたしかねますので、あらかじめご了承ください。

1 「Cyber Book Store」にて正誤表を確認する

TAC出版書籍販売サイト「Cyber Book Store」の
トップページ内「正誤表」コーナーにて、正誤表をご確認ください。

CYBER TAC出版書籍販売サイト
BOOK STORE

URL：https://bookstore.tac-school.co.jp/

2 1 の正誤表がない、あるいは正誤表に該当箇所の記載がない ⇒ 下記①、②のどちらかの方法で文書にて問合せをする

★ご注意ください★

お電話でのお問合せは、お受けいたしません。

①、②のどちらの方法でも、お問合せの際には、「お名前」とともに、
「対象の書籍名(○級・第○回対策も含む)およびその版数(第○版・○○年度版など)」
「お問合せ該当箇所の頁数と行数」
「誤りと思われる記載」
「正しいとお考えになる記載とその根拠」
を明記してください。
なお、回答までに1週間前後を要する場合もございます。あらかじめご了承ください。

---

① ウェブページ「Cyber Book Store」内の「お問合せフォーム」より問合せをする

【お問合せフォームアドレス】

https://bookstore.tac-school.co.jp/inquiry/

---

② メールにより問合せをする

【メール宛先　TAC出版】

syuppan-h@tac-school.co.jp

※土日祝日はお問合せ対応をおこなっておりません。
※正誤のお問合せ対応は、該当書籍の改訂版刊行月末日までといたします。

乱丁・落丁による交換は、該当書籍の改訂版刊行月末日までといたします。なお、書籍の在庫状況等により、お受けできない場合もございます。
また、各種本試験の実施の延期、中止を理由とした本書の返品はお受けいたしません。返金もいたしかねますので、あらかじめご了承くださいますようお願い申し上げます。

TACにおける個人情報の取り扱いについて
■お預かりした個人情報は、TAC(株)で管理させていただき、お問合せへの対応、当社の記録保管にのみ利用いたします。お客様の同意なしに業務委託先以外の第三者に開示、提供することはございません(法令等により開示を求められた場合を除く)。その他、個人情報保護管理者、お預かりした個人情報の開示等及びTAC(株)への個人情報の提供の任意性については、当社ホームページ(https://www.tac-school.co.jp)をご覧いただくか、個人情報に関するお問い合わせ窓口(E-mail:privacy@tac-school.co.jp)までお問合せください。

(2022年7月現在)